# Rose Ausländer

## Die Sichel mäht die Zeit zu Heu
## Gedichte 1957–1965

S. Fischer

Gesammelte Werke in sieben Bänden
Herausgegeben von Helmut Braun

© 1985 S. Fischer Verlag GmbH, Frankfurt am Main
Umschlaggestaltung: Peter W. Schmidt, Frankfurt
Satz und Druck: Wagner GmbH, Nördlingen
Einband: G. Lachenmaier, Reutlingen
Printed in Germany 1985
ISBN 3-10-001518-5

# Anmerkungen des Herausgebers

Seit Herbst 1946 lebte Rose Ausländer in New York. Sie arbeitete bei einer Spedition und erhielt 1948 wieder die amerikanische Staatsbürgerschaft.

Etwa ab 1948 begann sie auch wieder zu schreiben, jedoch in englischer Sprache. Nach und nach konnte sie in amerikanischen Zeitungen und Literaturzeitschriften erscheinen; ihre Gedichte und Übersetzungen wurden in Anthologien und im Rundfunk veröffentlicht.

Ihre Bekannten und Freunde aber blieben die Emigranten. Deutsche und Österreicher, die vor den Nazis fliehen mußten oder aber den Krieg in Europa überlebt hatten und sich nun in New York zusammenschlossen, waren ihr täglicher Umgang.

In Rose Ausländer wurde der Wunsch wach, wieder einmal Europa zu besuchen. Nicht Deutschland, aber Österreich, Frankreich und Italien wollte sie wiedersehen, die Kultur wiederfinden, durch die sie geprägt worden war und die immer noch die ihre war. Mimi Grossberg, eine Österreicherin, die seit 1938 in New York lebte, regte schließlich eine gemeinsame Europareise an.

Im April 1957 brachen die beiden Frauen, aus Kostengründen als Passagiere getrennt auf zwei Frachtern, auf. Rose Ausländer kam in Marseille an und reiste sofort nach Paris weiter. Leo Sonntag, ein Freund aus Czernowitz, vermittelte ein erstes Treffen mit Paul Celan, dem vierzehn Tage später ein zweites Treffen folgte. Die beiden sprachen über ihre Arbeit und machten sich mit neueren Texten vertraut. Rose Ausländer erkannte erstaunt, wie sehr sich Celan von seiner Arbeits- und Ausdrucksweise der früheren Jahre entfernt hatte. Schon immer hatte er sich von den Dichtern in der Bukowina durch die Wahl der Worte, der Motive, der Aussagen seiner Gedichte unterschieden, aber auch er hatte sich früher strengen Formen unterworfen, sogar im Reim geschrieben. Seine neuen Arbeiten faszinierten und verstörten Rose Ausländer. Sie legte deutsche Texte aus den vierziger Jahren vor, die alle noch gereimt und in gebundenen Formen gehalten waren. Celan verwarf sie und machte Rose Ausländer mit der deutschen Moderne bekannt. Hier empfing Rose Ausländer durch Celan die Eindrücke, die für ihr weiteres lyrisches Schaffen prägend waren. In den folgenden Monaten vollzog sie den Schritt zur Moderne. Die Fünfundfünfzigjährige verließ nicht mehr ihren Themenkreis, sie änderte jedoch radikal Form und Stil ihrer Arbeit und fand erstaunlich schnell vollkommen Anschluß an das moderne Gedicht.

Sie reiste weiter, traf in Wien mit Mimi Grossberg zusammen und hielt sich mit dieser fast zwei Monate dort auf. Während Mimi Grossberg anschließend nach New York zurückfuhr, bereiste Rose Ausländer die Schweiz und Italien und gelangte über Südfrankreich wieder nach Paris. Erneut suchte sie Celan auf und machte ihn mit ihren Texten, die in den letzten Monaten entstanden waren, bekannt. Er akzeptierte diese Arbeiten und gab ihr die Empfehlung, die Gedichte *Blinder Sommer* – es handelt sich dabei um eine überarbeitete Fassung aus dem Jahre 1942 – *Ruf und Kristall*, *Das unhörbare Herz*, *Immer Atlantis*, *Die Tür* und *Im Osten des Herzens* an verschiedene Zeitungen und Zeitschriften zu schicken. Er wollte wohl auch für sie sprechen, daß diese Gedichte veröffentlicht werden sollten. Aufgrund dieser Hinweise sandte Rose Ausländer Gedichte für die *Akzente* an Hans Bender, der von den Gedichten, die Celan für »gut« befunden hatte, *Im Osten des Herzens* annahm und publizierte.

Nach dem Besuch bei Celan hielt sich die Autorin noch einige Wochen in Spanien auf, fuhr dann nach Rotterdam und traf im Dezember 1957 wieder in New York ein.

Sie schrieb nun keine Gedichte mehr in Englisch, sondern arbeitete ausschließlich in ihrer Muttersprache Deutsch, und es gelang ihr sofort, neue und auch ältere Texte in Zeitungen wie *Der Aufbau* und *Neue Staatszeitung und Herold* in New York unterzubringen. Sie nahm ihre journalistische Tätigkeit wieder auf und arbeitete unter anderem für die Zeitschrift *Die Stimme* in Tel Aviv. Gedichte und Übersetzungen von ihr wurden in *The New Orlando Poetrie Anthologie* publiziert. Auch in Deutschland tauchten seit 1959 erste Texte, so im Norddeutschen Rundfunk, wieder auf. Im Frühjahr 1960 bemühte sie sich für das akademische Jahr 1960/61 um ein Stipendium der »Conference on Jewish material Claims against Germany, New York«. Das Stipendium wurde ihr für verschiedene Buchprojekte genehmigt.

Im Vergleich zu heute blieben die Publikationsmöglichkeiten Rose Ausländers aber auch sehr bescheiden. Sie erlebte eine ihrer produktivsten Phasen überhaupt. Es war, als hätte sich in ihr zu der Zeit, als sie nur englisch schrieb, eine ungeheure Fülle an Gedichten und Texten aufgestaut, die jetzt aufs Papier drängten, für die sie Veröffentlichungsmöglichkeiten suchte und die doch fast alle in der Schublade verschwinden mußten. Die später bis 1974 veröffentlichten Texte stammen fast alle aus der Schreibphase von 1957 bis 1963. Auch später noch hat die Autorin immer wieder auf Texte aus jener Zeit zurückgegriffen und diese meist in überarbeiteter Form veröffentlicht. Dieser Band der Gesamtausgabe belegt mit seinen erstmals veröffentlichten Gedichten aufs neue die reiche Schaffenskraft jener Arbeitsperiode.

Am 8. Dezember 1961 mußte Rose Ausländer krankheitsbedingt endgültig ihre Tätigkeit als Fremdsprachenkorrespondentin bei der Spedition Freedman & Slater aufgeben. Sie lebte nunmehr von einer kleinen Altersrente und den gelegentlichen Honoraren aus ihren verschiedenen Publikationen. Sie versuchte auch, als Verfolgte des Naziregimes anerkannt zu werden und eine Entschädigung von der Bundesrepublik Deutschland zu erhalten. Nach einem langwierigen, umständlich bürokratischen Verfahren wurden ihr 1966 eine Entschädigung und eine Rente zugesprochen.

Im Frühsommer 1963 durften ihr Bruder Max Scherzer, seine Frau Bertha und deren zwei Kinder Rumänien verlassen. Sie trafen in Wien ein und hielten sich dort fast ein Jahr lang auf. Rose Ausländer, die sehr an ihrem Bruder hängt, reiste zum zweiten Mal nach Europa, zu ihrem Bruder und seiner Familie nach Wien. Die Wiedersehensfreude wurde bald getrübt. Bertha Scherzer war von schwerer Krankheit gezeichnet und starb. Die Autorin besuchte zum ersten und einzigen Mal den Staat Israel. Sie wollte erkunden, ob sich der Bruder und dessen Kinder dort niederlassen könnten. Mehrere Wochen verbrachte Rose Ausländer im Land der Juden. Dieser Besuch hat sich nachhaltig in etlichen Gedichten niedergeschlagen. Sie traf aber für sich und den Bruder die Entscheidung, nicht nach Israel zu gehen. Vorläufig kehrte Rose Ausländer nach New York zurück. Max Scherzer und seine Kinder wanderten ebenfalls nach New York aus.

In dieser Zeit reifte bei der Dichterin endgültig der Entschluß, nach Europa, nach Österreich zurückzukehren. Verschiedene Gründe hatten sie dazu bewogen. Sie wollte auch in Zukunft Deutsch schreiben und suchte Möglichkeiten für Veröffentlichungen, die in ausreichendem Maße nur im deutschen Sprachraum bestanden. Zudem wurde ihre materielle Situation zunehmend unhaltbar, von einer Rückkehr nach Wien versprach sie sich auch eine Beschleunigung des Wiedergutmachungsverfahrens und somit eine bessere materielle Versorgung. Und schließlich hatte sie keinen wirklichen Anschluß an die amerikanische Kultur und Lebensart gefunden. Ihr Leben spielte sich in Emigrantenkreisen ab, aus der Außenseiterrolle fand sie nicht heraus.

Alfred Gong, ein in New York lebender emigrierter Schriftsteller, hatte Rose Ausländer empfohlen, ihre Texte zum Bergland-Verlag in Wien zu senden. Als ihr Entschluß, die USA zu verlassen, feststand, stellte sie eine Auswahl ihrer Gedichte zusammen, einzelne überarbeitete Texte aus den *Gettomotiven* und Gedichte, die zwischen 1957 und 1963 entstanden waren. Sie schickte diese Texte an Dr. Rudolf Felmayer in Wien, der als Herausgeber für den Bergland-Verlag tätig war.

Im Mai 1964 verließ Rose Ausländer New York und traf im Juni 1964 in Wien ein. Es fiel ihr nicht leicht, sich in Österreich zurechtzufinden. Sie wich aus, reiste viel, besuchte unter anderem Italien und Spanien und kehrte schließlich nach Deutschland zurück. Im März 1965 meldete sich die Autorin beim Einwohnermeldeamt in Düsseldorf an. Der Rückkehr in die Sprache folgte konsequent, wenn auch mit verständlicher Verzögerung, die Rückkehr nach Deutschland.

Endlich, am 23. August 1965, teilte der Bergland-Verlag per Brief mit, daß der von Rudolf Felmayer herausgegebene Band der Autorin *Blinder Sommer* soeben erschienen sei. Nach 26 Jahren erschien damit wieder ein Buch Rose Ausländers, das zweite Buch von ihr überhaupt. Damit war ihre Rückkehr auch gedruckt dokumentiert. Doch die Rose Ausländer des ersten, 1939 erschienenen Buches *Der Regenbogen* findet sich im *Blinden Sommer* 1965 nicht mehr. Die radikalen und erzwungenen Veränderungen des Lebens hatten zur radikalen Änderung des Stils geführt. Rose Ausländer legte mit dem Band *Blinder Sommer* den Grundstein zu einem lyrischen Werk, das zu den Wichtigsten der deutschen Nachkriegsliteratur zählt.

Leverkusen, im März 1984
Helmut Braun

# 1957–1963

# Die Zigarette

In der Spirale
aus Rauch
rollt das Abermale
auf aber auch
neue Gedanken
steigen in Ranken
aus Hauch auf

Momente aus Hauch
kreisen um Gefühle
in Ringen aus Rauch
und Duft
Sie verflüchtigen
sich nicht
sie gehen auf
in den Geist der Luft
in den Geist des Lichts

# Ode

*An die Skulptur*
*»Verwundete Frau«*
*von Bernard Reder*

Ihr fünf Steinfrauen
mit einander verstrickt
in runder Bewegung
um die Verwundete
die in eurer Obhut ruht
das ohnmächtige Gesicht
dem Licht preisgegeben

wie ihr euch müht
um die Gefährtin
sie haltet und hebt
verflochten zu einem
kreisenden Kranz
delikater Köpfe und
machtvoller Glieder

Das Licht weiß Bescheid
um das Leid das euch eint
ihr Frauen im Stein
Schatten schieben sich ein
in eure verschlungnen Gestalten

Weibliche Welt
Rundung und Schwung
Die Nüstern atmen
die Poren atmen
Weich ist der Stein
kein Stein: ein
Gefüge aus Fleisch
das nicht welkt

Keine Verletzung zerbricht
den Kreis eurer Kraft
ihr fünf verflochtenen Frauen
jugendrund
vereint um den
Leib der Leidenden
Ihr bleibt
Ihr seid

# Czernowitz

*»Geschichte in der Nußschale«*

Gestufte Stadt
       im grünen Reifrock
Der Amsel unverfälschtes
       Vokabular

Der Spiegelkarpfen
in Pfeffer versulzt
schwieg in fünf Sprachen

Die Zigeunerin
las unser Schicksal
in den Karten

Schwarz-gelb
Die Kinder der Monarchie
träumten deutsche Kultur

Legenden um den Baal-Schem
Aus Sadagura: die Wunder


Nach dem roten Schachspiel
wechseln die Farben

Der Walache erwacht –
schläft wieder ein
Ein Siebenmeilenstiefel
steht vor seinem Bett –
       flieht

Im Ghetto:
Gott hat abgedankt


Erneutes Fahnenspiel:
Der Hammer schlägt die
        Flucht entzwei
Die Sichel mäht die
        Zeit zu Heu

# Unveröffentlichte Gedichte

# Bukowina I

Tannenberge. Grüne Geister:
In Dorna-Vatra würzen sie
das Harzblut. Alte Sommermeister
treten an ihre Dynastie

Felder im Norden. Buchenschichten
um Czernowitz. Viel Vogelschaum
um die Verzauberten, die den Gesichten
vertrauen, ihrem Trieb und Traum.

Die Zeit im Januarschnee versunken.
Der Atem raucht. Die Raben krähn.
Aus Pelzen sprühen Augenfunken.
Der Schlitten fliegt ins Sternverwehn.

Der Rosenkranz in Weihrauchwogen
rinnt durch die Finger. Sagentum
und Gläubige. In Synagogen
singen fünftausend Jahre Ruhm.

# Rom I

Kostbarkeiten in den Kammern
Särge mit erlesnen Leichen
Und der erzne Glockenhammer
ruft die Armen und die Reichen

Tempelsäulen Marmorstufen
Kunst in Kuppel und Kapelle
Und die lauten Glocken rufen
Beter zu der stillsten Stelle

Hunderte Fontänen schallen
Rom wer kann sich mit dir messen
Und die Glocken laden alle
ein zu Einkehr und Vergessen

# Riviera I

Küste Schiffe und Matrosen
Berge locker transparent
Frauen frisch wie Junirosen
Enzianblau das Firmament

In der Goldluft schwebt der Hafen
Stimmen in sich selbst verliebt
werfen ihre bunten Sprachen
in den Wind der weitergibt

Lang und leuchtend wie das Ufer
ist der Tag Hauchwolken wehn
Meer und Möwe spielen Rufer
und du wähnst sie zu verstehn

# In memoriam Robert Frost

Poet und Farmer. Mit den Bäumen
verwachsne Verse. Seine Welt:
Neuenglands Scholle, wach in Träumen,
in Traum und Wirklichkeit: das Feld.

Amerika, dein Träumehüter
ist tot! Verwaist ist jeder Wald.
Doch er vermachte deine Güter,
die besten, uns zum Aufenthalt.

# Don Quixote I

Ich liebe meinen Ritter der mit Mühlen kämpft
Wenn er erschöpft von seinen Heldentaten
zu mir kommt spielen wir Domino mit Sternen

Ich lasse ihn immer gewinnen immer
So mögen es die Kinder und die Männer
Mein Ehrgeiz ist so klein wie eine Nuß

Ich darf ihm dienen meinem Kämpfer
Oft bin ich eine Mühle und er dringt
mit seinem mondnen Degen auf mich ein

Ich lieb ihn bin seine Dulcinea
Wenn unser Wald von Riesen widerhallt
laß ich den Eimer Milch am Rande stehen

und helfe meinem Helden wo ich kann
Aber der Schlange bin ich nicht gewachsen
und fürchte ihren giftigen Zauberbann

# Diese alten Häuser

Diese alten Häuser an der
Peripherie haben noch ihr natürliches
Gesicht ihren eignen Körperruch

Die goldäugige Katze souverän
hat hier ihr Heim auch die
Silbermaus im Keller
in der kompakten Mauer wohnt
die melancholische Silbe der Grille

Blumentöpfe in den Fenstern ihre
Köpfe und Finger ins Licht vertieft
bewahren noch die alte Tradition
Der Ahornbaum im Miniaturgarten malt
chinesische Motive an die Hausfront

Gleichmütig nehmen die
alten Häuser die Ereignisse wahr
Autoparaden weißkonfirmierte Mädchen
Leichenzüge das Wetterpanorama
die Prozession der Sterne und die
mystischen Phasen des Monds

In diesen Häusern wohnt man gern

# Die nach Osten träumen

Veilchenadern pochen
April an meinen Hals
Ich träume zurück
Hinter uns das Heer
Moses uns voran
Das rote Meer
spaltet sich und wir gehn
trockenen Fußes durch das Spalier
Nur unser Haar ist behaucht
vom Atem des Wassers

Schneeglocken schallen
goldweiße Schalmeien
Ich träume zurück
Die Kelche füllte er mit Wein
das Osterbrot brach er in zwölf
und feierte das Abendmahl
Dann schluckte er die Marterqual
vergab den Jüngern seinen Tod
schrie dreimal auf und kehrte heim
Aber am dritten Tage war
er wieder jung und wunderbar
und blieb 2000 Jahre jung

Blauglocken schallen
aus den Veilchen
umsäumt von Osterschnee
Sie läuten Schneeschmelzeduft
sie läuten salbendes Öl
sie läuten Hosianna
Die verwundete Erde wird heil
eine Osterau
eine Blumenwiege
Sie wiegt die langgeträumten Wunder
der Osterkinder die nach Osten träumen

## Die Musik ist zerbrochen

In kalten Nächten wohnen wir
mit Maulwürfen und Igeln
im Bauch der Erde

In heißen Nächten
graben wir uns tiefer
in den Blutstrom des Wassers

Hier sind wir eingeklemmt zwischen Wurzeln
dort zwischen den Zähnen der Haifische

Im Himmel ist es nicht besser
Unstimmigkeiten verstimmen
die Orgel der Luft
die Musik ist zerbrochen

## Die Glocken horchen

Übermütige Leere der planierten Länder –
tonloses Lachen

Ich horche ob die Glocken tönen
ich horche ob der Ton sich klärt
das Land vertont
die Stadt verklärt

Die übermütige Leere der planierten Länder
lacht ihr tonloses Gelächter

Ich hör ein Horchen
die Glocken horchen
ob ihr Ton
der erzene Ton
gelang

Dies ist der Ton zu dem ich mich bekenne

## Der sterbende Poet
*In memoriam David Goldfeld*

Er lag und litt. Ich saß an seinem Sterben und dichtete für
ihn die Lüge Leben.

Ich grub mich in seine Qual, tief – tiefer, bis die Quelle
sprang. Berge kamen, umringten sein Bett.

Ich beschwor die Rose herauf – das Aroma Leben
beschwor den Apfel
die Rebe – eine Lunge aus Atem und Blut

»Sie sind meine Rettung. Sie lassen IHN nicht herein,
nicht wahr?« Nach der Morphiumspritze blühte sein
Blick auf, ein glänzendes Vergißmeinnicht. Er machte eine
leichte Bewegung mit der Hand und hauchte: »Diese
Welle schwemmt weg den Schmerz. Ich lebe.«

Als ich am nächsten Tag sein Zimmer betrat, lag sein Körper unter dem schwarzen Leichentuch.

## Heimat I

Dieser herbe Rausch der Fremde
fremder Heimat ohne Ende
hält mich immerfort in Atem

Riesig ist der nachbarliche
Park mit seinen seidnen Rasen
und den adeligen Bäumen

Der immense überschlanke
Hintergrund der Wolkenkratzer
gibt dem Garten sein Gepräge

Übersonntes Entengleiten
auf dem See und seine weiche
Sprache sind Musik im Keime

Lange Autostraßen blenden
zwischen parallelen Flüssen
trinken wir den Rausch der Fremde

Und des Nachts wenn alle schlafen
nehmen wir die gleichen Gaben
von den demokratischen Sternen

Meine Sehnsucht kann nicht schlafen
Träume wachen auf und haben
meiner Mutter ewige Züge
meiner Mutter sanfte Hände
eigne Heimat ohne Ende

# New York fasziniert

New York fasziniert
in den frühen Morgenstunden
wenn zwischen Pflaster und Himmelskristall
die eleganten Wolkenkratzer
gemmengleich stehn
auf lachsrotem Grund

Schön ist New York am Morgen
am schönsten Sonntag früh
wenn Sirenen und Räder schlafen
kleine Stimmen von Parkbäumen
kollern der Hudson sich
anpaßt dem Ozean

ein Mensch dir begegnet
und du siehst es ist wirklich ein MENSCH
und du siehst es ist wirklich NEW YORK
ein Märchen schön ersonnen
subtil und stark

Die acht Millionen schlafenden Sonntagsträumer
haben noch nicht abgeschüttelt den
Alpdruck der Woche
Zu spät suchen sie wenn schon
Schatten die Gassen umarmen
den MENSCHEN suchen
zu spät NEW YORK
das blaugeträumte Märchen New York

# Die sieben Tulpen

Sieben Tulpen öffneten den Sommer
Es geschah im siebenfarbigen Licht
Sein Tor war verriegelt vom Regen verrostet
sieben Schwalben
ja, sieben – nicht eine!
hatten sich vergeblich gemüht

Sieben Frauen saßen am Rasen im Park
nun da der Sommer offen war
warm und grün und siebentulpend war –
aber wo sind die sieben Tulpen geblieben
fragten die sieben
die sieben Frauen im Park

Die sieben Tulpen waren gepflückt
Als die sieben Schwalben versagten
und die sieben Gewissen sie plagten
waren die sieben Tulpen erschienen
reisende Feen incognito
Am siebten Tage war es geglückt
der Sommer war offen die Menschen kamen
und schon nach sieben Stunden waren
die sieben Tulpen gepflückt

## Wir spielen Ostern

Wir spielen Ostern mit den Kindgewordnen
Wir spielen Winterende Lenzbeginn
Osterduft und Goldblauglanz
bis sich das Schneeland auflöst und verwandelt
Schneeglocken auferstehn weiß duften
Glocken läuten und alles mitspielt

Wir Osterspieler mit erblühten Lauten
Veilchenflöten Sonnenorgeln
Wir österlich Vertrauten

Spielen Thoratanz und Offenbarung
mit Hyazinthen und erweckten Blättern
spielen Osterduft und Wiederfreude
Wiederfinden alles Auferstandnen
Wiederwissen daß wir Kinder sind

# Manchmal erwachst du

Manchmal erwachst du als Gasse
Häuser verwurzelt in deinem Fleisch
Pflaster dein Kleid

Kinder kommen in dir zur Welt
wachsen und welken
Menschen gehn über dich hinweg
Wagen rollen über deine Wangen
Du lernst Schritte sprechen
Augen auffangen auf einem Strahl
lernst den verkörperten Gang der Gedanken

Trägst Bäume
Im April wächst das Wunder in deinen
Venen glattgliedrig blattsanft
Die mächtige Zauberin Sonne
verwandelt dich in eine
goldne Gasse voll schlanker Schatten
rechts und links
goldne Gassen voll schlanker Schatten

Die Luft ist elastisch
schwingt sich hinüber
in Fliedergärten leuchten
die rosa Kastanienkerzen
Von Goldbächen durchrieselt grünt
dein maierwachtes Gedächtnis

# Zwischenwelt

Zwischen Schneeglocken
und Schneeschmelze
blinkt eine Sphäre
unerschaffener Worte
hängen Schnüre
aus Sternlippen Geist und Musik
die noch kein Ohr vernommen
kein Auge erblickt

Zwischen den Zeilen
die Schnee und Maiglöckchen schreiben
liegt das erlesene Land
Heimat alles Niegekannten
wo Wiesen grünen
und Zeit Alterslosigkeit erreicht

Zwischen nichthier und nichtdort
ruht das ungenannte vorgekannte Land
es hat einen Strand
aus Mutterduft
Mondmuscheln und Musiksand
sein Meer ist nicht Wasser
sondern Sterne und
namenslose Wolken
aus Dunkel Zwischenlicht und
unverjährtem Glanz

# Wo liegt das Land

In den Vergißmeinnichttagen
ging eine Stimme
von Zunge zu Zunge
Die Kinder hielten
das Echo in der Hand

Bruderländer
voll goldner Kürbisse
und geschliffenem Schnee
lagen sich in den Armen
tranken Tee oder Kaffee
Whisky Champagner oder Bier
aus geschnitzten Kannen und Pokalen
je nach dem Zeremoniell

Aber du
düsterer Politiker im Frack
stieß nicht dein Zylinder
an ein Vergißmeinnichtblatt
Wo warst du in den Tagen des Staunens
als die Fische ihre Kiemen weiteten
um ihre Sprache sichtbar zu machen

Wo liegt das Land deiner Verheißung
Die Grenzen grinsen einander an
Unter gehässigen Brauen
schauen ängstliche Augen
ins blinde Atomherz

Das Echo ist schlafen gegangen

# Liebespaar im New York Central Park

Jeden Nachmittag
auf derselben Bank in derselben Allee
sieht man das alte Liebespaar

Sie reden nicht viel sie lauschen und schaukeln
in der Barke der Bank durch den Strom der Verjüngung

Mit zahllosen Lippen erzählt der Park
seine Geheimnisse am leisesten das Geflüster der Halme
Zwei uralte Ahornbäume haben tiefere Töne
»Wann war es als wir das erste Mal unsre
Blattaugen öffneten? Weißt du noch? Wald unsre Welt
Wald unser Land dann kamen sie mit Riesenscheren
und schnitten den Weg kahl, diese Allee. Viele Brüder
sind damals gefallen. Sie pflanzten Bänke statt Bäume,
die komischen Menschen. Und dort, am Horizont,
weißt du noch? – mit baumhohen Zangen hoben sie
Stangen und Steine und pflanzten sie in die Luft,
aneinander gekettet. Angewurzelt stehn sie seither
und wachsen nicht, die komischen Bäume.«

Das ergraute Liebespaar lauscht
Zwei Menschen im zeitlosen Strom
Sie lieben das junge Gras die bejahrten Bäume
Bank Allee Lichtung und Wolkenkratzer
im Nachmittagslicht
Sie zählen nicht ihre Jahrzehnte
In der Arche geborgen schaukeln sie
durch die grüne unsündige Flut

# Leidenschaft

Vernunftswidrig ohne Gefühl für
Maß Scham und Ordnung
unbesonnen ohne ernsten Anlaß verzweifelt
mit verbissenem Irrsinn die Skala der Süchte
durchrasend schlaflos
sich abhärmend voller Gewissensbisse und Anklagen

reich an Dschungelmysterien und fischbefiederten Ozeanen
dennoch gänzlich verarmt verkommen minderwertig wertlos
ein verrosteter Pfennig
mit Sternfedern geschmückt von heißen Blitzen durchzuckt

ausgemergelt abstrakt wie ein Skelett
das Fleisch der Idee einer Idee von den Knochen gekratzt
mit dem Messer des Verzichts
selbstverloren ein treibendes Ruder ohne Boot
das Holz geschwollen

und der Riese ein glühender Ofen
lacht sich in die Faust aus Feuer
wirft das Ruder in die Lohe
lacht die Luft rot

Tagein tagaus wiederholt sich das Drama
in der Mitte ohne Ende ohne Anfang ohne Logik
ohne Atempause treibt jeder Tag diesem Spuk einen Speer
ins amoklaufende Herz

# Keinezeit I

Keinezeit keinezeit keinezeit
singen Räder
singen Chromvögel
alle dienen ihnen singen
keinezeit keinezeit keinezeit

Hallo sag ich in der Stadt
hallo sag ich den Rädern
hallo sag ich den Chromvögeln
Antwortet mir die Stadt
antworten mir die Räder
antworten mir Chromschnäbel
keinezeit keinezeit keinezeit

# Winterverse

Eisgeträumte Harmonie vor einem Augenblick
erfunden schon singt der Vogel Lore
Lorelei sie sieht im Spiegel den erfrorenen Kahn
kämmt Totenklage auf die Fischerseele

verzeih ihr Meister Heine

Holz hat noch die alte Kraft
in Colorado aufrecht hält der Totem das Tabu
du sollst nicht sollst nicht

sollst nicht verwehn im Schnee Wolfsfährte
nach Sibirien Lawinensturz die Jungfrau
trägt ihr Joch aus Eis

Bald wird es schnein
schon nähen Nadeln ein das Haus
hat keine Tür das Haus aus Schnee
Weh dem der keine Heimat hat

der Wintermärchen Weiß
Theaterkarten Flocken weißverschwistert
O Shakespeareschnee ein Märchen Wahrheit
Wohl dem . . .

# In alle innersten Reiche

Die Wurzeln bohren
den Wald aus der Scholle

Die Bäume strahlen
Hinter den Bäumen
gehen die Berge auf
und über den Bergen
hauchen die Sterne den Glanz hin
Darüber klaffen die Schluchten der Höhe

Darunter rollen die Quellen
und wollen EMPOR EMPOR
Die Pfade wollen HINAUS HINAUS
Der Blitz will HINEIN HINEIN
in das Holzfleisch der Erde

Aber der Geist will
hinauf und hinunter
hinaus und hinein
in alle innersten Reiche

# Windbelaubte Welten

Wir rufen die Heiligen an
weil wir allein sind
der Vater fruchtlos war
die Jahre Schein sind
die Mutter im Grab ist
und nicht mehr singt

Wir trinken verbotene Lieder
spielen mit Freunden Versteck
und laufen windbelaubte Welten entlang

Wir erfahren
in endlosen Metamorphosen
unsere Urväter und Urmütter
Luft Fische Pflanzen
und daß unsre Brüder und Schwestern
stille Tiere sind
giftige Kreaturen
feuerspeiende Krater
träumende Steine

Wir pilgern zum Orakel
aus dessen Mund die Sterne sprießen
und fragen nach unserm Namen

# Wieviele Feuer

Käfer im Bernstein verewigt
Du drehst den Ring
und stehst vor den Pyramiden
daneben die Sphinx
geschmückt mit Rätsel und Raum
Du schüttelst die Zeit von der Schulter
und fragst
wer pflanzte das Korn der Lockung
in mein Fleisch
Sie lächelt ins Leere
Die Saat geht auf
der südliche Papst
spricht deinen Samen heilig

Dreifach in Spiegeln geträumt
wie die Flöte des Rohrs
sich äußert im Wind
die Schwanensilbe im Wasser
der Vogelruf erlöst in der Luft

Sanskrit
Der Bienenschwarm deiner Muttersprachen
Wieviele Stacheln erträgt eine Haut
Wieviel Fieber dein Puls

Die braunen Brüder am Äquator
hadern mit dir
der Tod baut den dunklen Dom
wo ein Gipfel glänzte
bis dir der Eintritt gewährt ist
das Gestade versandet
wieviele Feuer fängst du
ins blutgeschmiedete Netz

# Wen schweigst du

Warum schweigst du
prophetischer Pendel den ich
in Bewegung setzte vor meinem Alptraum
Hobst du nicht das Her meines Entzückens
und das Hin meines Abschieds
in den entfernten Ort der nächtlichen Wolke
Sie schalt mich weil ich sie träumte ohne Befugnis
Da lief ich tiefer in die Spannung der Sterne
und spürte die harte Liebkosung auf meiner Schläfe
Dolche und Sterne nicht von einander zu scheiden

Nun bin ich zurück und du schweigst
mit schwarzen müßigen Lippen
Füllt ich nicht deinen Mund mit dem Wort der Bewegung
Tanztest du nicht meinen Odem von Hergang zu Hingang
Auf und nieder
wie die Wiege des Himmels
wie mein Traum von den flötenden Engeln
ging das Wort deines Atems
zur Musik meiner Adern
bis mich der Eistraum berührte

Nun bin ich zurück und du schweigst
Wen schweigst du
dich oder mich

# Im Erdohr der Angst

Glasklare Tage

Die Astern halten das Haupt hoch
und färben die vorletzte Stunde
Eindringlich reden
die entblätterten Bäume
über den Übergang
von Zustand zu Zustand
Sie tragen den Glanz der Tage in ihrem Geweih
Er weht wie ein Banner

Ich frage und frage

Die Stimmen Verblichener
flattern wie Falter aus Nylon
von Farbe zu Farbe
und lispeln blindes Erblassen

Ich höre den Seufzer
gesammelt im glasklaren Wind –
die Antwort der fröstelnden Halme
der amethystenen Astern
und der anderen duldenden Dinge
im Erdohr der Angst

## Hoffnung I

Wir jagen den Hirsch
von hetzenden Hunden begleitet
Die Birke fliegt uns voran

Wir holen ihn ein
hinter Schornsteinen
wo sie den Rauch begraben
hinter Hügeln aus Säure und Chrom
hinter dem luftleeren Himmel
der die Schatten der Engel beherbergt

Wir holen ihn ein
jenseits der Jahre
dort ging unser Traumsohn verloren
und kehrte nicht heim
hinter der Kaktusgrenze
wo Salomos Hohelied hängt

Herrlicher Hirsch
Lichtlaub im Geweih
er liegt schon
ein Zahmtier
vor unserm Lockruf

Wir bauen ihm eine Hütte
aus Waldduft und Wind
Wir ziehen den roten Fingerhut an
nähen Primeln und Psalme
in sein Lagerlaub

# Wehmut und Wende

Bin ich im Land der Verwurzelungen
Zu den Füßen deiner Wurzeln kam ich
von ungefähr
Deine Zehen raunen mir
die Sagen deines Geschlechts zu

Wir trinken die Milch der Quelle
und werden trunken
Wir essen das Dunkel und seinen feuchten Duft
Das Fleisch der Scholle ist unsere Wolle
Über uns üben die akrobatischen Sterne
ihre präzisen Bogen
Wir staunen und halten uns an

Wir spüren es beide
Es ist kein Abschied
nur ein Sichauseinanderbiegen
Sichweitertasten, Andaserdherzschmiegen
ein zögerndes Vorgreifen
in eine neue Wurzelfigur

Unten und oben ist alles verflochten
Wir sind in der Hitze
Unserer Antennen und
Wurzelfäden
raunen und reden
Die Sagen des Wurzelgeschlechts
Wir fühlen es beide
Es ist kein Abschied kein Ende
nur Wehmut und Wende

## Herr und Heimat

Herr und Heimat
der Hormone des Herzens –
hier ist der Hort

Der Wald
der grüne Aufstieg aus dem Meer
hält den Gesang noch wach
an seinen Blätterwellen
Gebändigt liegen die Wilden
mit Augen aus Feuer
den Bauch voll glitzernder Eidechsen
ihm zu Füßen

Grüne Beruhigung
der Wasser und Eise
des allnächtlichen Feuers
der Schlacken gestorbener Sterne
und abgestandener Städte

Hier ist der Hort
Herr und Heimat der
Hormone des Herzens

## Wehmut und weites Vergessen

NACHT
Wehmut und weites Vergessen

Berückender Freund im schwarzen Mantel aus Atlas
auch dein Schluchzen ist schwarz
wie dein Murmeln verhärmter Gebete
Die Heimlichkeit deines Blutes schläft
im feinen Geäder der Tiere
im Wesen und Willen des Fleisches

Aber der kühle Geruch
der MONDIN
deiner silbernen Tochter
mildert den Schmerz
verklärt ihn
und macht ihn verstummen

# Was dem Berg gehört

Was ist der Berg
ein Königreich oder ein Gipfelgedanke
Die Fahne meiner Frage weht
auf seiner Stirn

Ich liebe
die Schellen der gelockten Bächlein um seine Waden
sein Laubkleid und den Kieferngürtel
die braungeschnitzten Schatten
die Spiralen seiner Bewegung

Die verstrickten Stimmen seiner Bäume
hab ich lieb
das Geraun der Sträucher
die Wiederholung im Echo
das Glockenspiel des Lichts auf dem Moosfleisch
und das Nadelflitzen der Libellen bei
seinen Quellen
die Quellen die seine Seele sagen
wie lieb ich sie

Und alles was zum Berg gehört
wie soll ich sagen wie ich alles liebe

## Vorostern

Noch trägt die Stadt den
wolkigen Wollmantel
dein Atem ist eine
trübe Dampffahne
die Katzen liegen im
Kellergeschoß ohne Liebe

Der kühle Mond kümmert sich nicht
um Gefühle
Zugeknöpft sind die
Taschen der tüchtigen Männer
Nur der Wind ist großzügig mit
schmutzigen Wirbeln

Alles ist Übergang
Wir bereiten uns vor
auf den Auszug aus dem Schneereich
auf die Metamorphose der Raupen
auf das Einhorn im Wald unsres Bluts

## Stille der Nacht I

Stille der Nacht
Kinder lächeln im Schlaf
wenn Feen sie besuchen
Auch Greise versuchen
zu lächeln wie Kinder
Es glückt ihnen nicht immer –
sie sehn nicht den Schimmer
auf den Flügeln der Feen
nach denen sie greifen
mit wackligen Gesten
Die Kinder treffen's am besten

Stille der Nacht
Wer jetzt noch wacht
hört das Herz der Stille
im eignen Herzen ticken
Die Greise nicken
Die Kinder erblicken
die Stille der Nacht
im Antlitz der Mutter
zwischen Sternen und Mond
wo der liebe Gott wohnt

# Stille der Nacht II

Stille der Nacht
wacht wie die Mutter
Aber die Liebenden hören sie nicht
sehn nicht ihr verhülltes Gesicht
Ihr Stern dröhnt lauter
ihnen vertrauter
stärker als Stille
stärker als Erde
die um die Sonne kreist –
stark wie der Geist
stark wie der Wille
der Wunder tut
hier absolut

## Vor dem Alpdruck

Die noch nicht gestorbene Zeit
oder war es die Nachtigall
im Juli
ein Rechteck Grün
wir schliefen
eh unsre Zeit erwachte

Fünf Uhr früh
ans Fenster klopfte die Nachbarin
um Himmels willen
eine Nachtigall
hören sie doch
das Glück
im Quittenbaum
in unserem Garten
die Nachtigall
das süße Lied
das Glück

Drei Triller
geblasen
in den noch nicht erwachten Tag
an den Glanz der noch schlief im Fenster
an unser noch zeitloses Entzücken

Wieder und wieder
dreimal
gestrahlt
das Nachtigallied
vor der Geburt unsrer Zeit
vor dem Alptraum
dem der Baum
der Garten
die Nachbarin
das Haus
die Stadt
das Land
und der ertaubte Erdteil
zum Opfer fielen

# Grün

Wie ein Wild verfolgte ich das Grün
Immer lief es mir voran
ließ sich nicht fangen
Da mußte ich's mit grünen Lauten locken
da mußte ich die grüne Sprache lernen

Ich übte den kleinen herzgeformten Kleelaut
das krause Flüstern der betauten Minze
Die Orgelklänge des Laubs
die immergrünen Tannentöne

Ich lernte mit der hellen Geduld der Liebe
die Vokale von den pangrünen Wäldern
Die Konsonanten traten hervor
aus dem eigenen Urwald
dem uralten Rauschen grüner Erinnerung

Nun ist es zahm das Grün
in Wald und Wiese
erzählt mir seine Schatten und
seine verzweigten Schattierungen
denn ich verstehe seine Muttersprache

# Der Ur-Baum

*Für Marianne Moore*

Licht strahlentsandt
Bäume preisen
Birnen Pflaumen Trauben preisen

Schnee des Mittags
Sonnenschein
Monde im
gesponnenen Raum
Klargesicht
aus Licht

Kern der Qual
schattenwund
Licht des Meeres
komm her
in die Stadt
näher verwundeten Wänden
komm nur

Feuerweiß du
der Ur-
Baum in mir
in jeder Kreatur

Weiß
Immun gegen Farbe und Preis
Gnadenreis
in mir in dir
überwachse das Tal der Schatten
leuchte der Qual
mehre sie Licht

## Rauscht Manhattan

Rauschen Libertywellen
rauschen Sirenenmöwen
rauschen Buntwimpel auf Masten der Ausflugschiffe
rauschen Mädchenröcke am Boardwalk meerblau und
    mohnrot
rauschen Bilderzeitungen
rauschen Eilschritte der Messengers
rauschen Bürsten schuhputzender Negerknaben
rauscht das Südende Manhattans
der Julirausch
dir im Blut?

# Erkranktes Feuer

Gelb und kleinverstreut
als wären wir Küstensand
linke Kinder erhabener Eltern
die heute schon Engel sind
oder von höherem Rang

Der Irrsinn dieser Zeit
ein Riß im Nabelkreis der Schöpfung
Vielleicht ist es ein Baum
ein toller Kirschenbaum vielleicht
mit Ästen aus wogenden Schlangen

Ich kenne nur das tote Laub
du kennst es auch
Es raschelt gelb und rostverschrumpft
an unser Gelb- und Kleinverstreutsein

Wir haben keinen Zutritt zu den Wurzeln
Vom Wasser hörten wir daß sie
aus ungezählten Attributen
wie Mosaik zusammengefügt sind
aus Stern und Strenge Liebe und Gefahr
aus rotblaugrünem Leben
und gelbgrauschwarzem Tod
und vielen andern Dingen deren Namen
uns unbekannt sind

Das rostige Laub schneit auf und nieder
Seine gelben Funken
züngeln mit unserem Rost zusammen
wie ein erkranktes Feuer
aus grauvergilbten Flammen

# Sabbath

Gras und Sonnenlaub
das goldgekämmte Parkhaar der Stadt
schimmern den Tag der Ruhe
Die Häuser halten den Atem an

Ich bin eine Zelle der Metropole
Meine wichtigen Verwandten
die Straßenadern
leuchten im Leib meiner Stadt
Ich bin ein belichteter Punkt
im Kosmos der Sabbathruhe

Nicht daß ich die Hast
der hundert Stunden
die schwielige Woche vergaß
Der Alpdruck des Alltags
hält meine Zelle verschlossen
Aber der Sabbath öffnet sie
um sein Licht unterzubringen
Auch tönt er
Er braucht alle Zellengefäße
um sie mit Tönen zu füllen
wie Schläuche mit Wein
Der Klang schmeckt wie Burgunder

Ich trinke
den Rausch der Ruhe
aus dem Geäder der Stadt
die eine Zelle ist
im Körper der Erde
die eine Zelle ist
im Leib des rauschenden Raumes
Ich atme den Ruch und die Ruh
des Sabbath
ein in den urrunden Raum
meiner eigenen Zelle

## Die vorletzte Andacht

Im goldgeweinten Nachmittag
versammeln sich die Eintagskäfer
die Luft zu segnen

Den vorletzten Duft
heben sie aus den Tiefen der Täler
die vorletzte Andacht tanzen sie
vor der letzten der Nacht

Das Gebet geht
in summenden Kreisen
von Käfer zu Käfer
von Duft zu Duft
Ihr Flügelnetz hängt über Häuptern
die noch schimmern
vom gestrigen Käfergesumm
die noch wissen
um den morgigen Eintagstanz
und den übermorgigen

Die Eintagskäfer wissen es nicht
Im goldgeweinten Nachmittag
flattern sie ihr Flügelgebet an die Luft
den Gott ihrer Welt
Hingerissen tanzen sie ihre letzte Lust
nach dem Takt der sinkenden Sonne

# Ein Grünmitdirsein

Der Bergrücken trägt
einen Rock aus Gold
über der Weste des Waldes
Das Hemd seiner Halde hält
den offenen Glanz
dem Pfad entgegen

Die Gäste begrüßte er der Berg
mit großer unpersönlicher Grazie
und ferner Wärme
Er zählt nicht die Schritte vor dir nach dir
nicht deine Schritte
Er ist dein geborener Wirt
Du bist sein unausgesprochener Gast
dem Käfer dem Adler ebenbürtig

Die Alpenrose das Moos
und Silberdisteln so groß
wie Sonnenblumen
grüßen dich
mit halber Freude und halber Furcht
Du bringst ihnen Gruß oder Tod
und weißt es nicht
Sie zählen nicht deine Schritte
Nicht die Schritte vor dir nach dir
Sie nehmen dich auf
mit der blinden Bereitschaft der Pflanzen
Sie sind mit den Fäden der Luft dir verbunden
ein Rotsilbersein
ein Grünmitdirsein
Heimat der Höhe

## Die novembernen Menschen

Die novembernen Menschen hasten
mit dürrem Blick
am Glanz vorbei
in ihr Trauergrau
Sie leben in kühler Eile

Jahreszeiten Landschaften Menschen
sind brauchbar wie Brot und Geschäft
Sie reden um zu verdienen
nicht um zu dienen und rühmen

Auch die Dichter unter ihnen

# Quecksilber

Die Tage
stürzen vom Kalender
Sie sind aus Quecksilber
rollen wortab
ins Grab
aus Vergißmeinheut

Ich bin ein Nest voller Fragen
Wespennest
Woher-und-Wohin-Tage
Warum-und-Wozu-Tage
Aus welchem Material seid ihr
wie lang breit und stark

Manchmal gelingt mir's
sie zu fassen
Ich werfe sie in die Waage
meiner Woherundwohinfrage
Bald steigt die eine
bald die andere Schale
Aber kein Gewicht
hat Antwort
nur das Mehr oder Minder
Jeder Tag ist
halbblinder Ahasver
ein Wanderer von nirgendwoher
zu nirgendwohin

Quecksilber
Der allerkleinste Teil
vollkommen Kugel
schön und giftig wie die Zeit
die kein Quentchen Licht
ohne Schatten schenkt

Tropfen
Tag um Tag
ins ewige Nichtwozu
Alle Tropfen mengen sich
Tag und Blut quecksilberlich

In die Hin- und Her-Waage
werf ich leichte und schwere Tage
Meine legitimen Kinder
sind Fragen

Aber die Waage
weiß keinen Warumbescheid
Woherundwohinbescheid
Wozubescheid
nur das Mehrodermindergewicht
der schweren Schatten
und des leichten Lichtes

## Verwaiste Herzen

Verwaiste Herzen
im Schrank der Jahre

Ihre Nachbarn:
Lavendelduft und
verblichene Fotos

Die Wetter draußen
spielen das Leben:
Verklärung der Eltern
ersehnte Söhne und Töchter
Jubel und Angstlosigkeit

Manchmal lehnt ein
verirrtes Rot an
die morsche Tür
aber es flüchtet zurück in die
vielarmige Spiegelwelt aus
Blau Grün und Gelb

# Die Kamee

Delikates Profil
auf lachsfarbnem Grund
Getürmte Frisur
Gefrorenes Lächeln

Dennoch die Frau
hat Anmut
Sie beschwört die
Gegenkamee herauf
den Bewerber
mit hoher Stirn
länglicher Nase
dünnen Lippen
die Halskrause ziseliert

Sie sehen sich
ernst in die Edelsteinaugen
verneigen sich vor einander
und huschen zurück
in den Rahmen
ihres geschnittnen Geschicks

# Verbundenheit I

Zwischen mir
und diesem Zigarettenstummel
und dieser gesprungenen Teetasse
und diesem Safranblick
der mir alles Safranhafte
verständlich macht
herrscht eine Verbundenheit
wie nenn ich sie

Lieber nicht
Jede Bezeichnung wäre irreführend
würde nicht alle Elemente enthalten
nicht die Beziehungen aller Elemente
zu einander und zu mir
würde nicht alle Moleküle ins Spiel bringen
die mitspielen

Ich will nichts vermissen
an dieser Verbindung und Bindung
auch der Zigarettenstummel
darf nicht fehlen
er hat seine bestimmte Rolle
und bei der geringsten Verschiebung
bricht alles zusammen

## Die Hoch-Zeit

Gekommen die Zeit
ihrer Hochzeit

Die Braut duftend
weiße Knospe

Der Bräutigam
Mitte der Mannheit

Die Tafel schillert
Weingold in Flaschen
Suppe aus Gold
goldne Hühner duften
in Silberschüsseln
Äpfel glühn
auf weißem Damast

Die Braut öffnet ihr Licht
Der Glanz fällt
auf den Bräutigam
der Abglanz auf alle Gäste

Braut und Bräutigam tanzen
im Lüsterlicht
Reis und Konfetti umsprühen sie
Papierschlangen kreisen sie ein
Sie merken es nicht
Sie tanzen
jenseits des Saals
jenseits der Gäste
jubelauf
Zenith ihrer Zeit
ihrer Hoch-Zeit

## Die Himmelsdinge lieben

Die Regensterne sind noch nicht erloschen
Ich bade in dem zarten Tau

Draußen bin ich zu Hause
deute die Wolken und
trage den pochenden Regenbogen
im Haar

Im erhabenen Licht
lieben die Himmelsdinge meine Erde

## Unter den Steinen

Liegen wir nicht
begraben unter den Steinen
der Großstadt ihr graues Licht
bricht schräg
in unsre
Herzen die träg
schlagen unter den Steinen

Wir wagen nicht zu weinen
unser Raum ist zu eng
zwischen den Steinen
und der Nachbar ist streng
sein nüchternes Lachen
würde unser Weinen zunichte machen
also schweigen wir unter den Steinen

Allein die Quellen blieben die gleichen
unter uns und den Steinen
sie dürfen weinen
die Tränen versagen
sich ihnen nicht – auch nicht in unsern Tagen
Nachbarlüfte und Schollengold
sind ihnen hold
unter den Steinen

Ihnen gestehen wir manchmal unser Weh
unter den Steinen
und sie erzählen uns vom schönen Tod der See
wo sie sich vereinen
Wir sind Freunde uns verbindet jener Hang
der aus Träumen und Tiefe einen Klang
erschaffen hat unter den Steinen

# Unbeheizte Wohnung

Die Stube
am Nordpol gelegen
stemmt ihre Fensterfäuste
gegen den Sturm
der sie umwirbt und an sich preßt
Lawinen springen vom Dach
reiben die Scheiben und
stürzen ins lodernde Weiß
Die Uhr schlägt Schnee
aus dem Eisweiß der Stunden

Über den Eisspiegel
des Thermometers
fliegen Schlitten mit Eskimos
Sie stopfen Wolken in ihre Schaumpfeifen
und blasen weiße Rauchsäulen
an den Spiegel
Sie rauchen und fahren
die Schlittenbahn auf und ab
in der Zimmersteppe
bis in die Nacht
bis in den Morgen

In der sibirischen Küche
kräht der Wasserhahn
eindringlich eisig
seine Warnung
vor dem Einbruch des Tags
dem Erfrieren der Zeit

# Die gelbe Maske

Zum Fluß ging ich
die gelbe Maske der Sonne
auf meinem Gesicht
auf seinem Gesicht
Wir erkannten uns nicht
im Glanz

Meine toten Eltern
wollt ich besuchen
meine verbannten Freunde
wollt ich besuchen
meinen gefangenen Bruder im Schlangenland
wo die Fahne ein Gefängnis
wollt ich besuchen
im Geflüster des Flusses

Unberührte Schatten

Das Wasser geht
über sie hinweg
belanglos und schön
in der gelben Maske
und diese Stunde ist
schon verschollen
im flüsternden Fluß
unter dem bleiblauen Himmel

# Tag

Aus dem Schlaf erstanden
und schon fliegt der Tag
ein transparenter Vogel
ins Zimmer

Wandweite Schwingen
Feder um Feder
fällt vom Gefieder
Flaum eines Schwans
in den See
Tiberias

Da wiegen sich goldne Fische
im Teppich
flimmert ein Funkennetz
in der Luft
Berge Stühle und Tisch
noch beschattet
ohne Echo

Kommt der Karmel gesegelt
ein hohes Schiff
mit Ladung aus Licht
antiker Landschaft und
jungen Gedanken
Kommt das kleine Ländchen
psalmenbefrachtet
ins unermeßliche Zimmer

Vor dem Fenster
die Zeder
aus der Antenne gewachsen
zeigt wo der Tag entspringt

# Die Fliege

Gedämpfter Regenbogen flimmert
auf den Flügeln der Fliege
Unermüdlich ihre Sucht
nach Flug und Flucht
in der Stube
Unersättlich ihre Liebe zum
Geruch deiner Haut

Aber die Haut haßt
die Berührung der Fliege
haßt die feinen Fäden ihrer Beine
haßt sie

Aber sieh
der Hauch von Opal auf den Flügeln
die Musik ihres Schwirrens
ihr vertrautes Geflimmer im Zimmer
ihr zärtliches Kreisen um deinen Atem
ihre unermüdliche Sucht
nach Flug und Flucht
Wiederkehr und Verweilen
ihre Liebe zur Wiese deiner Haut –
                rührt es dich nicht

## Der unheimliche Fremde

Ich lasse mich tragen
von den Tagen
deren Augen mir zublicken
wir wollen dir dienen
wenn du uns dienst

Ich lasse mich tragen
vom Fluß wehrloser Farben
die man mißbraucht
um Gefühle zu malen
die man nicht hat

Ich lasse mich tragen
von den Stimmungen der Leute
die heute mich adeln
morgen mich tadeln
mir schmeicheln wenn sie mich brauchen
mich meiden wenn ich
nicht helfen kann
Eine Weile laß ich mich tragen

Oder ist's der unheimliche Fremde in mir
der unbeteiligte Zuschauer
der sie sieht
mit ihren kleinlichen Launen
großzügigen Worten und Gesten
und unablässigen Lügen
Der sie nicht haßt nicht liebt
nicht meidet und nicht beneidet
Bis ich ihn erblicke und verbanne
eine Weile verbanne den Fremden

# Tänzerin

Sie ist die Dreizeit in Bewegung
Lichtjahre kommen und gehen
Die Erde ist noch nicht da

Ihr Schritt verwandelt die Welt
in eine andre Strahlung
Die Erde ist noch nicht

Die Sternfiguren bestehen
auf ihre Konstellation
in wirbelnder Wiederholung

Die Sonne hat zu viel Feuer –
sie explodiert im Tanz
jetzt ist die Erde da

Ihr Schritt verwandelt die Welt
in Blume Panther Erlöser
Sie ist da – die Erde ist da

# Spiegelungen

Der Himmel leugnet nicht seine Sterne
Die Sterne leugnen nicht den Glanz
Der Duft ist in der Blume wahr

Wer es vergißt weiß nicht daß er verrät
oder er weiß es und vergißt
daß was er sieht nicht seine Augen sind
nur Spiegelungen

Spiegelungen einer Sphäre
aus der die Form hervorgeht –
Stern und Land
Ding Duft und Auge

## Sonntagstille

Ruhestunden umspülen
die Steininsel Manhattan

Unantastbar das
Häusergebirge
in Sonntagstille genäht
niemand schneidet die Naht auf

In den Kirchen
die gesungnen Engel üben
tröstende Flüge von
Gram zu Glaube

Wir suchen eine bleibende Fabel im Hudson
wir suchen die Gesetzestafel im Steinreich
wir suchen die Sonntagseele im Mond
der ein Hauch ist
ein Wolkenflaum
eine Monatlegende

# Der sie von innen her kennt

Firnen und Föhren
in Sonne vertieft
Grün Weiß
brausendes Blau

Ihre Schatten belauscht
der sie von innen her kennt
Von den Grotten kommt er
über Schluchten und Hänge
Nicht als Herrscher
als Lauscher des Herbstes
als Sucher der Vermessenheit
kommt er

Schlucht um Schlucht
schluckt sein Schritt
Dunkel um Dunkel
immer ist ein Licht
und eine Fahne weht
aus Schnee und Azur

An den Hütten geht er vorüber
an Mädchen mit bergblauen Augen
an Kindern mit Stimmen aus Tau
Aus der feuchten Wohnung des Abends
kommt er
zur Quelle des Glanzes
im vermeßnen Herzen der Höhe
Er bringt seine einzige Habe
seinen Atem als Gabe

# Der Schatten

In der Nacht trat ein Schatten an mein Bett. Ich sah, daß es der Freund war, dessen Tod ich ihm nie geglaubt habe.

Wir gingen durch Äcker aus Schnee, die schön reiften. Im Westen erkannte ich das Matterhorn, obwohl der Berg im Profil stand. Seine Schneesträhnen flatterten, eine Lawine löste sich los, rollte herunter und fiel auf den Freund. Sein Schatten zerbrach, die Splitter verwundeten mich. Auch der Schnee war scharf, Feuernadeln flogen in die Poren.

Der Weg war verweht. Ich wußte nicht, wo das Daheim lag – in Amerika, in der Schneeschweiz, am Romhügel oder im Pruthtal. Der Schatten war in alle Richtungen zersplittert, der Schnee fiel in alle Richtungen, die Nacht wucherte nach allen Richtungen und ich wußte nicht.

Wegweiser aus Glas. Als ich ihn erreichte, war er ein undurchdringlicher Spiegel. Hieroglyphen schneiten vorüber, der Wind deutete sich nicht. Ich war wandermüd, wollte nach Hause, aber ich wußte nicht. Ich atmete die Narkose der Nacht ein, meine Füße wurden schläfrig, der Schnee wuchs zusammen zum Bett, die Splitter vereinigten sich. Der Freund, ein lückenloser Schatten, trat ans Bett und rief mich.

# Schwarz unterstrichen

Dieses Restchen Weltende
wir verschmerzen es
wir Pünktchen
am Erdpünktchen
am Sonnensystempünktchen
am punktierten Körper des Kosmos

Dieses Quentchen Zeit
eh wir lichterloh steigen
in den Himmel verkohlter Geigen
dieses Momentchen Jahre
so grau gestrichen
so schwarz unterstrichen
wir verschmerzen es

Nicht verschmerzen wir
daß so gut gedeiht
das augenlose ohrlose lippenlose Gespenst
das dieses Restchen Weltende
dieses Quentchen Zeit
so grau streicht
so schwarz unterstreicht

# Die ersten Takte

Prinzessin aus Stahl und Stein und Glas im Neontalar
und Straßdiamant in ihrem Reich wachsen die Stock-
werke wie Pilze Rassen verstricken sich in Canyons auf
der Wasserfront strömen Hilfrufe über Spirituals und
Gloria

In den Büros fiebern Maschinen den Mythos von Geld
und Geschäft bis die Aktien erkranken und die Börse
kracht tagelang wird nicht mulitpliziert nicht addiert nur
subtrahiert

Eines Tages erwacht die Prinzessin als Rieseninsekt (wie
bei Kafka) plump hilflos und häßlich von allen verachtet
von niemand geliebt sie beobachtet ihre eigne Verwand-
lung (wie bei Kafka) kriecht von Zeitung zu Zeitung nistet
sich ein ins Radio und TV sieht und hört sich millionen-
fach vervielfältigt als abscheulich verwandeltes Insekt die
Fahnen hängen halbmast

Ihr Insektinstinkt meldet daß ihr Königreich taumelt sie
möchte beten nach Menschenart aber der Name des An-
zubetenden ist ihr entfallen sie schleppt sich zur Arche
gräbt sich ins morsche Gebälk und hört die ersten Takte
der Himmelsbrüche

# Die Nymphen

Die Nymphen hatten es gut
in der grünen Zeit
sie waren geborgen in Häusern
Wohnung aus Waldduft und Wind
durften erscheinen dem Einen und Andern
der in die Seele des
Waldes geraten war

Schön leicht und geborgen
waren die Nymphen
ihre Sorgen schliefen
im Schatten schlummernder Bäume
ihre Träume glitten auf
Äthersohlen über die Erde
leicht und leise
um die Schlafenden nicht zu stören

Die Nymphen hatten es gut
in der grünen Zeit
Heute wären sie schwer und grau
sie wußten es wohl und
verhauchten ins Blau
Nur ihr Haus aus Silber blieb
als Saum um das Grau

# Der Pfad war verwachsen

Aus dem goldnen Käfig
der Geborgenheit
flog ich in den Dschungel
der brausenden Bäume
und lüsternen Tiere

Der Glanz in der Lichtung
war mittags zu blendend
des Nachts waren die Bäume schwarz
die blutigen Augen der Tiere zu nah
Ich flüchtete in eine Hütte
aus Laub und Angst

Der Wind zerzauste das Häuschen
Eulenaugen hingen am Fenster
Wölfe beschnupperten die lockeren Wände
sie rochen mein Fleisch
ich roch ihre Gier

Ich wollte zurück in den Käfig
aber der Pfad war verwachsen

# Der Mohn ist noch nicht rot

Sieh die leise Mutter unter Sternen
blau und weiß und voller Mondgebete
so gehen meine Stunden und Sekunden
immerfort im kleinen Kreise
wie die Mühle immerfort im Kreise

Muß nicht bald der Fürst mich holen
In der Asche sind noch meine Sohlen
Wolke webt mein Tuch aus Blitz und Tau
Himbeerrosen tropfen auf den Saum
Die Minuten ziehn in engen Kreisen
um mein Warten
immerfort im bangen Kreise um mein Warten

Berge bücken sich mit goldnem Schnee
Mutter nähte meinen weißen Mantel
hermelinverbrämt mit Sternekragen
Berge bücken sich mit goldnem Schnee
Wartet ungeduldige Aschenjahre
Fürsten eilen nicht die Ewigkeit hat Zeit

Der Mohn ist noch nicht rot in meinem Haar

# Pupillen

War nicht das Meer das wellengestufte unsere Mutter
mit Brüsten voll salziger Milch
War nicht der Fisch der silbergezackte unser Bruder
brüderlich herzlich im Schweigen
Wohnten wir nicht Äonen im kühlen Brand der Wogen
Waren die strahlenden Sterne uns nicht gewogen

Sie leugnen es nicht sie schweigen beredt
Nachkommen sind wir nicht erste nicht letzte
Urrunde Muscheln sind wir wo die Mutter noch träumt
noch seufzt noch das Wiegenlied singt
noch die Perlen weint ihre Tränen

Sieh die Pupille die Perle im Glanz unsres Blicks
Perlmutterrund ist die Welt in ihr die sternende Erde
grün ist der Grund des Meers wie das Eden der Erde
wie der erstaunte Wald im See der Pupille

# Perspektiven der Zeit

Die Jahre sind
ein Wettrennen mit dem Tod
der sie immer übervorteilt
und früher ankommt

Monate sind
langsame Wiederholung
des Mondes
Ebbe und Flut
im Blut

Wochen sind
Warten auf die nächste Jahreszeit
zögernde Vorbereitung
auf die Traumhast der Jahre

Die Tage zerbröckeln
zwischen den Fingern
wie dürre Figuren aus Lehm

Die Stunden sind
das Gequälte und das Gekrönte
Der böse und schöne Trug
vollzieht sich im Nußschalenraum
der Stunde

Die Minuten sind träg
Wer errät
ihren unregelmäßigen Gang
Sie haben den Hang
zu früh zu sein
oder zu spät

Nur der Moment
ist ewig
Er brennt
unausgesetzt
im Augenblick des Jetzt
dem Gott der Gegenwart

# Der letzte Vollmond

Der letzte Vollmond schmeckte süß
wie eine saftigjunge Nuß
Ich naschte ihn von Traum zu Traum

Es fiel ein Stern auf meine Stirn
eh ich ihn spürte war er fort
Die Freundin steckte ihn ins Haar

Die Ahornblätter blickten hart
und mürrisch in die goldene Nacht
Sie wiesen meinen Gruß zurück

Warum geliebtes Laub warum
Ich ging zum Wind der zärtlich war
er wischte die Verwirrung weg

Ein schlankes Wasser war erwacht
da schwammen alle Stern und Blatt
von meinem Mond zur Ruh gebracht

# Der Brunnen I

Der Brunnen wartet die Kühle ist bereit
der Eimer schaukelt und die Kette klirrt

Aber zum Brunnen führt kein Pfad
Die Zehen verfangen sich
in Himbeerbüschen und Dornenhecken
Brennesseln beißen in die Beine
Im trocknen Gras nistet die Schlange
die Zauberin mit giftigen Augen

Der Wanderer im Julinachmittag
verzehrt den Laib der Sonne
die goldene Mahlzeit
Ihn dürstet
Mit dunkelsüßer Stimme ruft
das Wasser seinen Namen
Der Eimer schaukelt und die Kette klirrt

O Brunnenmutter mit der kühlen Milch
sing ihr dein dunkelsüßes Wiegenlied
schläfre sie ein mit seinem Wiegenlied
wieg die Eimerschaukel
laß die Kette blinken
Schlangenaugen sind empfindlich

Der Wanderer weiß nicht was die Mutter tut
aber das Wasser das Wasser ist
so kühl und klar und gut

# Paris I

Die Luft silbert wenn du
Paris berührst ohne Geographie
Sieh wie der Stern Etoile die Richtungen ausstrahlt
die delikate Haut der Champs Elysee
deinen Blutstrom streift

Die Pariserinnen im grauen Stoffkostüm
schmucklos elegant
tragen den Schimmer unter der Haut
mit verhaltenem Lächeln
sagen sie nasale Silben
und sehn dich lächelnd an

Spiegelungen
auf der Place de la Concorde
Springbrunnen im Silbergeflimmer
östlich nördlich südlich westlich

Halb geschälte Schichten
alter Mauern an der Seine
dein historischer Instinkt gewahrt
hohe große Gemächer aus dem 17. und 18. Jahrhundert
ein Abglanz schimmert noch auf dem Schimmel
die Seine flüstert
französisch silbert die Luft

Anders tönt dieser Name als andere Namen
PARIS rufst du hinunter
PARIS antwortet das Echo
im Silberflimmern

# Der Briefträger

Eine Tasche Welt
Fünfzig Pfund Kontinente
Das Gewicht der Schicksale hängt
auf der abgehärteten Schulter
Merkurs

Kein Dorf zu klein
Kein Land zu groß
In seinem Beutel herrscht
Demokratie aller Marken
Könige Präsidenten Würdenträger und Wappen
hier mit gleichen Rechten bedacht

Moderner Merkur
Seine Botenwege
langweilig und wichtig
Der Kontakt mit dem Empfänger
fast Null
Nur Namen und Nummern

Die offenen Münder
der verschlossenen Metallgesichter
seine Finger füttern sie
mit verschlossenem Papier
Geburts- und Todesanzeigen
Einladungen Transaktionen
Eifersucht Bruch Schwüre Schwüre
Papier ist geduldig
Merkur ist geduldig

## Ostern im Schnee

Ins zauberische Schneefeld pflanzen
weiße Engel Ostereier
Sie wachsen im Schnee mit dem Safran

Ich spiele mit dem Urei in der Sonne
sie brütet meinen Aschenbrödeltraum aus
Goldene Gewänder das Sternengeschmeide
legte Herzog Lenz in ein Osterei

Ich schmück mich jeden Abend neu
und tanze
mit dem Mond
Adagio

Jung wie Küken
diese Ostertage
Muttersonne brütet das Ei der Sage

# Das Tier mit den goldnen Gedärmen

Das Tier mit den goldnen Gedärmen
darf nicht geschlachtet werden
Es lebt im Tabufeld des Menschenhirns

Das Tier mit den goldnen Gedärmen
hat viele äußere Leiber
geflügelte geschuppte vier- und vielfüßige
aber seine Organe
sind golden und edelsteinen
und sein Geist ist der Hauch eines Urgotts

Das Tier mit den goldnen Gedärmen
weidet auf deiner verstohlenen Alm
ernährt sich und dich
von den unirdischen Keimen der Ahnenfrucht
Es dankt dir für Herberge und Glauben
mit goldenen Eiern der Mythe

# Nicht mit dem Ohr

Mit vielen inneren Uhren
bist du begabt
Nicht mit den Uhren der Zeit

Die Werke in dir
sind voll geheimer Gesetze

Ich höre den Herzschlag
deiner großen Räder
der mittelgroßen und kleinen
und der allerkleinsten Rädchen
Ich höre sie nicht mit dem Ohr

Sie liegen an meinen Pulsen
und legen verschwiegne Sekunden
in ihre Läden

Ich hör die verborgne Botschaft
höre sie Tag und Nacht
Ich höre sie nicht mit dem Ohr
Mit dem Herzen

## Neurose des Abends

Die Neurose des Abends ist Berührung
Fremde Dinge wachsen ineinander
und werden ungenau Neues

Hagere Stadtkonturen streifen
den Horizont eh sie in Finsternis zerbröckeln
Sternenfinger streicheln die Haut der Erde

Feinde betasten sich im Traum mit dem Tod
Der Mond berührt die Schläfe des Schlafs
mit Angstdornen und mit rostiger Erleuchtung
Liebende halten den Himmel umschlungen

Neurose des Abends fremde Berührung
Dunkle Dinge wachsen ineinander
und werden ungeahnt Neues

# Mütter summen

Der Morgen tönt
die Wellen der Felder
den Bug des Flußes
den Flug der Schwalben
den Schnitt der Bauern
den Schritt des Städters
      Mütter summen über den Wiegen
      Weisen den frühen Stunden entstiegen
Der Kupferabend
schmückt die Schwelle
mit warmem Licht
Die offenen Fenster
glühen im Zuhausesein
Die Schwester ahnt
des Bruders Geheimnis
errötet und sinnt
im schrägen Sonnenstrahl
      Mütter summen über den Wiegen
      Weisen den sinkenden Stunden entstiegen
Die Nacht hebt alles
empor zu den Sternen
die wirklich unsere
Nachbarn sind
Wir lernen die wunder-
tätigen Sprachen
der fremden Sachen
im eigenen Puls
die schönen Rhythmen
entlegener Länder
den scharfen Glanz
eines sterbenden Sterns
      Mütter summen über den Wiegen
      Weisen den späten Stunden entstiegen

# Alice in Wonderland

Wenn das Gras aus dem Schlaf steigt
klopfen grüne Finger an meine Schläfe
ALICE
       und es geht durch den Kiefernschacht
ins Gebiet der Hirsche und Hasen

Ich trinke Milch aus dem Pilz
und schrumpfe zusammen
Käferklein erklimm ich einen Halm
Deutlich rieselt Bienengespräch Vogelgespräch
meine Muttersprachen

Ein flüchtendes Wiesel warnt mich
vor dem lauernden Luchs
Hier kommt meine schüchterne Freundin
das Reh
und gibt mir Bescheid

Ich esse Pilzfleisch
und wachse waldweit

Spiegel waschen sich im Tau
Der Regenbogen in jedem Tropfen
färbt siebenfach das Geheimnis des Kreises

Wann bist du Baum
wann bist du Vogel
wann bist du Lied
ALICE

# Mit allgemeinen Mienen

Ungeliebte Blumen
im Dunkelgarten der verstörten Erde
verschweigen ihren Duft
Schwarz umflort
schreitet der Frühling an ihnen vorüber
in Trauer um verstorbnes Blühn

Verdüstert sitzen
die Straßen auf den Steinen
mit allgemeinen Mienen
Das warmherzige Du ist nicht in ihnen

## Mensch aus Versehen
*Für Norma Gong*

Ich war einmal ein Hund
der himmlische Hundehüter
warf mich in die Menschenwelt
statt ins Hundreich

wo ich zu Hause wäre
unter meinesgleichen
nicht Not litte an Wärme
nicht tippen müßte tagein tagaus
geruchloses Zeug
nicht lächeln müßte
wenn ich winseln möchte

Wenn ein Hund mich beschnuppert
spürt er
spüre ich
daß wir Landsleute sind
Verwandte
Er begrüßt mich zuvorkommend mit
graziösem Schwung seines Schwanzes
wird zutraulich zärtlich gerührt und
legt mir seine Seele zu Füßen

Wir wissen
daß wir einer uralten friedfertigen
weitwitternden Rasse angehören

# Maya Pyramiden

Pyramiden gepflanzt ins
indianische Erdfleisch Tueztanz
steile Paläste, die Zeit zu vereiteln
Göttern und Sonne näher zu sein

Hieroglyphen mit versiegelten Mündern
melden das Bildbekenntnis zur Dauer
Der Körper ist ewig
Geist, der Hüter des Körpers, ist ewig
ewig: Sonnengefieder, Erde, Sterne und Staub

Das Opfer: Jungfraun im Brunnen versenkt
in Zeiten der Dürre
denn die Götter brauchen Blut, um Regen zu machen
Blut ist ewig, es kehrt zurück in den Staub,
ins Licht, ins Fleisch, denn das Fleisch ist ewig
wie die Götter, wie Wald, Stein, Sterne und Staub

Ins Erdreich gesunken, verwaldet, verwildert
von Pflanzen verschlungen
Aus dem Urwald wieder herausgeschnitten,
mit Baumwurzeln und Legenden verstrickt
das Bergwerk der Pyramiden
Wieder gehoben ins Licht, in die Sicht, ins Staunen,
denn das Staunen ist ewig wie
Sternstaub, Geist und die goldnen Augen der Götter

# Halbgott

Aus weißer Namenlosigkeit kamst du
halbgöttisch
Deine Enzianaugen
sind ein strahlender Himmel
und ein Strand in Italien

Alle hellen Wasser
sickern durch deine Finger
Der strömende Fluß hat ein Ufer
in deinen Gedanken

Du bist das Tönen und Verstummen
von Glockenwelt sie wohnen
im Haus deiner Stimme

Aber die Schlange ist neidisch
Sie streichelt deine Haut
mit aalschwarzer Zunge
und pflanzt ihr feines Gift
in dein Blut

In braune Namenlosigkeit gehst du
goldblauer Halbgott
mit dem Antlitz des Menschen
mit Augen aus Himmel und Meer

## Status quo

Unermüdlich
    gehen die greisen Mühlen
        im runden Raum

Sie mahlen
    die Sterne zu Staub
        den Mond zu Traum
            die Erde zu Zeit

Nur er
    der durchsichtig-dünne
        Don Quixote
nimmt auf den Kampf
    mit den ehernen Flügeln
        der unermüdlichen Mühlen
Sie fassen ihn nicht
    zerreiben ihn nicht
Sein leichter Leib fliegt
    von Flügel zu Flügel
        unbeschützt von Schild und Schwert aus Licht

Die Mühlen gehen
    den gleichen unermüdlichen Gang
        im runden Raum
Unsichtbar wie Äther
    ist der Streiter
        Der Kampf ist endlos
            Keiner siegt

## So oder so

So oder so
    ein Menschenalter
        am Tod entlang

Es staunt die Resede
    der leiblichen Brüder
        ewige Fehde

Die Klippen rufen
    das Wasser stöhnt
        über unterirdische Stufen

Befreundete Willen
    einen Atemzug Wegs
        verstrickt im Stillen

So oder so –
    ein Menschenalter
        am Tod entlang

Oreo

OREO
     goldener Odem
          des Sonnengotts

So voll so rot
          wie vor dem Rosentod

Loser Mohn floh
     mit dem Flötenton
          in den Odem des Gottes

ungeboren noch
     aber schon froh
          der goldenen Botschaft
               der Rotschaft
                    der Sonne

Goldodem
     sonniger Sohn
          OREO

# Nocturne

Wer hämmert den Sternpendel
an die Uhr
Gedichte aus Jetzt und Kristall
ins Gedächtnis

        Haie reiten auf dem Meerrücken
        die Luft gerinnt
        die Milchstraße ergießt sich
        ins Netz

        Ein Faden trennt
        die verirrten Liebenden
        im Eulenwald
        Fledermäuse verfangen sich
        in ihren Haaren
        Fackeln im Gebüsch
        malen Masken aus Stein

Über dem Eiland
leuchtet der Bachhimmel auf
melodischer Mond
fugengebaut
Motive milder Gestirne
unerschöpflich geschöpft
aus der Nacht

# Mir ist der Schnee vergönnt

Die eingeschneite Straße reicht
an meinen schlaflosen Abhang
Eisdornen stechen in das Fleisch der Nacht
Alle weißen Rosen rupft
     der Himmel über uns
den kalten Feuerflaum der toten Rosen
       streut er über uns

Plötzlich stürzt die Lawine eines Sekundentraums
vom Berg den ich vergessen hatte
     über meine Lider
Oder ist es der weiße Flieder
des Schnees der auf meine entlegenen Lider fällt

Das Silberfenster pocht und pocht
     an meine Rast
Die eingeschneite Straße ist fast
so weiß wie mein Alleinsein im Sonntagsturm
Verschollene Menschen hasten ins Heimatlose
der Sturm verweht die Angstspur ihrer Schritte

Die fieberweiße Straße stöhnt
     will nicht allein sein

Mir ist der Schnee vergönnt
     das Eingeschneitsein

# Greis und Mädchen

Gotisch türmt sich die Stadt
über dem dunkelnden Fluß
Unversehrt sind die Umrisse in der Dämmerung
Tönende Straßen verästeln sich
im Gesträuch des Abends
      Der heitere Greis tröstet das traurige Mädchen
      das immer Sonne will immer Sonne

In verschwiegenen Ecken sammeln sich
der Staub das Laub die weggefegten Schatten
Wände schützen die abgelegten Dinge
Eine Weile aber der Wind liebt sie
umarmt sie und trägt sie
in seine flüchtende Wohnung
      Der junge Greis tröstet das fröstelnde Mädchen
      das keinen Wind will keinen Wind

So weiß der Mond so blaß der Abendstern
Die Wolke steht dem letzten Licht im Weg
Die Möwe senkt die Silberflügel
Der Fluß schließt seine Glitzeraugen
Schatten drehen sich im Vespertanz
      Der wissende Greis tröstet das weinende Mädchen
      das immer Licht will immer Licht

Und ihre Tränen werden schwarze Sterne

# Das Alter

wächst in dir
fleischverschlingend
unersättlich

bis bis
du ES
ES du
bist ist

bis

das
Nichts
es verschlingt

# Nonnenkloster

Braunes Glockengeläut
    Unausgesprochene Schritte
        schwarz-weißer Nonnen

Verschwommene Gesichter
    Der Rosenkranz tropft
        in die einsilbige Zeit

Mauern aus Stille
    Ununterbrochene Vision
        auf der getünchten Wand

# Du und dein Bild

Auf der Wand
du lebst
Ich hab dich lieb

                        Es taugt nicht
                        denk nicht an Wiederkehr
                        wirst mich nicht finden

Ich folg deinem
Blick im Bild
Wir gehn zusammen

                        Versteh mich
                        du kämst umsonst
                        ich bin nicht mehr hier

# Glück I

Dem eine Stunde schlägt
             Glück
                  verstohlen

Komm
Bergatem
vierfach verstärkte Stimme
Komm
Bach
      forellenblau hüpfend
und du
      Sebastian
dem mein Hören gehört
Schlägt mir eine Stunde
           Grün
nimmt auf meinen Schatten
                  freundlich
wächst in meinem Blutkreislauf
der Wille
      zu sein

im Herzschlag des Wassers
in der Grünblutfläche
im Felsmineral

Eine Stunde Glück
             schlägt mir
ein Herz aus vier Blättern
ich pflück dich nicht
           Klee
              kein Sterben beglückt

nur dein Ebenmaß
schreib ich mir
ins Gedächtnis
            und deinen andern Ebennamen
                              Paul
der Farben mengt
aus Traumgras und Herzblut
auf unsterblicher Fläche
        schreib ich mir
                ins Glück

# Erfahrung

Mit der Schnecke im Schritt
gegen die Zeit
         ich hab es gespürt
Feuernägel im Fleisch
Speichel und Hohn

Auch die Krone aus Dornen
und das Nesselhemd
         ich hab es gespürt
aber deine Finger
stillen das Blut

# Ostern I

Ostern
im grünen Erinnern –

Das war
  im Machtreich der Sphinxe
  da hielten wir stand dem Heer

Das war
  als der Stab
  das Wasser gespalten

Das war
  als die Ahnen
  das rötliche Meer durchquerten

Das war
  als in Wüstensonne
  sie buken das Brot
  das wir ehren

Das war
  ein heiteres Hungerfest
  von Moses gesalbt

Osterland hier
im grünen Gespinst
Manhattan du mächtiges Reich
Häuser ihr hohen Sphinxe
Meer in zwei Flüsse geteilt

Ostern
wo Grün sich erneuert

# Wir Meteore

Wir gestorbnen Sterne wir Meteore

glorreich stürzend

schöner wird die Nacht durch unsern Tod längst gestorbnen wieder entfachten Tod

wir Stürzenden nicht oben nicht unten

im vergangnen Glanz auf- erstandnen Meteore

# Träum es ein

Du wirst ein Märchenbaum sein
unter Pflaumenbäumen
grün-violett

Brauner Kern
in den braunen Schoß
drück ich dich
und raune dir zu
ein Märchen

Träum es hinunter
                    in die Wurzel
träum es hinauf
                    in den Wipfel
Träum es ein
                    in Laub Blüte und Frucht

Gewiß
du wirst ein Märchenbaum sein
unter raunenden Pflaumenbäumen
grün-violett

# Übergang I

Wir atmen die
   letzten Vögel ein
      den Duft ihrer Stimmen

Flecken ätzen
   abstrakte Muster
         in Blätter

Zwar ist der Hudson ein
      strahlender Strich aber
   seine Harfen sind hinfällig geworden

am Dröhnen der
      Autostraßen die
         stärker sind

Allmählich rückt
      ein Haus vor
         die Sonne

lehnt an die Himmelshaut
      auf der die Sterne
         zu zucken beginnen

# Der Bus

Kommt nicht
    verspätet
        again and again

April
    steht am Times Square
           ungeduldig
    wartet auf den Bus
          zum Central Park
    kommt nicht
        damn it

Bäume
    in hellgrünen Hemden
            an der Gartenecke
    warten auf den Bus
          der bringt Kinder
    mit Bällen
        aufgeblasen von Begeisterung
    verspätet natürlich
        kommt nicht
          o boy

Nonnen
    an der Kirchenecke
          warten auf den Bus
    schwarz/weiß
        verspätet
          heavens
            instead
    der Regen kommt
        auf zarten Schienen
    läßt sich gelassen nieder
        auf Hauben

an der Haltestelle
fällt das Fahrgeld
ins Wasser
verspätet
wie oft

Wind
wartet auf den Bus
nervös
verspätet
kommt nicht
wartet auf Schirme
die aussteigen
wundervolle Vögel
deren Flügel man rupfen kann
Menschen wachsen unter ihnen
auf Aprilstengeln
die man biegen kann
wait till I catch him

Der Executive
mit Aktentasche und Aktien
wartet
auf den Bus
5th Ave. downtown
weil sein Auto umgekippt
im Wind
ein Aprilscherz
kein Taxi
im Regen
verspätet
wie immer
kommt nicht

I'll tell the Mayor
I'll tell the Governor
I'll tell the President
kommt nicht

Warten
auf den Bus
Stunden Tage Wochen
kommt nicht
Streik
verspätet
April Wind Executive
im Regen
warten
nicht auf Godot
auf den Bus
Traumbus
help help help
kommt nicht

# Thanksgiving

Wieviele Truthähne
Herr
müssen ihr Leben lassen
in Amerika an diesem Donnerstag
im November
damit wir dir danken

Wir danken dir
Herr
        daß du uns gestaltet hast
        nach deinem Ebenlicht
Wir danken dir
Herr
        daß du unsern ersten Eltern
        den Garten gabst
        mit zahmen Löwen
        und wilden Äpfeln
Wir danken dir
Herr
        daß du ihnen geschickt hast
        die Schlange mit ihrer süßzüngigen
        Stimme der Versuchung
Wir danken dir
Herr
        daß du unsre Ureltern
        nach dem Fall herausnahmst
        aus ihrer nackten
        Unsterblichkeit
        und sie bekleidet hast
        mit den Masken der Zeit
Wir danken dir
Herr
        daß du uns angesiedelt hast
        auf einem grünen Stern

Wir danken dir
Herr
        der duftet nach
        Korn und Schnee
Wir danken dir
Herr
        daß du unsern Geist bevölkert hast
        mit Göttern
        Engeln hellen
        und dunklen Dämonen
Wir danken dir
Herr
        daß wir die Möglichkeit haben
        dich zu erschaffen
        nach unserm Ebenbild
Wir danken dir
Herr
        daß du uns Sprache verliehn hast
        Gesetze und Denksysteme
Wir danken dir
Herr
        daß unsere Vernunft
        die Himmelskörper die Erde
        und ihre Bestandteile
        erforschen durfte
        die Atomwelt entdeckte
        und die Formel
        wie sie zu sprengen

Wir danken dir
Herr
    daß unser Denken
    ein Funken deines Lichts
    gelernt hat
    wie unser eignes Geschlecht
    zu vernichten
    durch den Druck eines Hebels
Wir danken dir
Herr
daß wir dir danken
dürfen an diesem freien Tag
mit einem Festessen
für das die Vögel
mit dem kollernden Ruf
verbluten müssen

Herr
erbarme dich ihrer schuldlosen Seele

Wieviele Truthähne
Herr
müssen ihr Leben lassen
damit wir dir danken
an diesem Donnerstag
im November

Herr
erbarme dich unsrer sündigen Seele

# Liebe I

Rose und Dolch

Der Ring
hat einen Finger gefunden
der ihn nicht mehr entläßt

Im Park
wächst eine Wiege
aus Liedern

Zwei Wolken kämpfen
um den Vorrang
Bald wird es regnen

Die Tauben
im Vorhof des Tempels
haben sich lieb
haben sich lieb

Unter dem Baldachin
nimmt der Schleier
die Gestalt einer Amsel an
Balsamisch
singt ihr Herzschlag
Die Rosen
legen ihre Dolche schlafen

# In memoriam Elieser Steinberg

Czernowitz
Heimat der Hügel
Hoch der Balkon
über Rosch

Wer wußte um ihn
Zwerg mit dem Riesenhaupt
Steinberg Elieser
Erlöser von Stein und Berg

Czernowitz
Heimat der Träumer
Hoch das Haus
über Rosch

Da lebte der Mann
halb Riese halb Zwerg
in Mansarde
verwandelte Arche

Da wurde die
Erde untergebracht
keinem Ding
war Atem versagt

Maulwurf und Maus
Rose und Ring –
kein Körper blieb tot
solang Elieser lebte

# In welchem hermetischen Tal

Wer ZEIT sagt
weiß um den Untergang
kennt die Kabbala
der Jahre

Aus dem Sumpf
taucht ein Januskopf auf
Schichten geschlachteten Lichts
im Blick:
zwei halbe besudelte
Heimlichkeiten

Die gelbe Braut
entsteigt der Sänfte des Sands
verschleierte
Gesichtslosigkeit

Wo wird die Hochzeit
begangen
In welchem
hermetischen Tal
findet das Fabelwort
LIEBE
einen atomsichern Tempel

# Katakomben des Schlafs

In den Katakomben des Schlafs
zerfällt dein Gesicht
in seine Elemente
an jeder Biegung
holt eine andre
Zeit dich heim

Auch Körper und Farben
zerfallen
Blau ist Grün und Grau
du bist ich
und ich bin
einmal ein Baum
einmal eine Holzschale Milch
in Angst getrunken zu werden

Es ist so dunkel
in den Katakomben
man kann sich
vom andern
nicht unterscheiden

# Mädchen im Park

Hohe Spitzschuhe
trommeln auf
gepflastertem Pfad

Korngelber Schopf
hüpft im Schritt
der Achtzehnjährigen

Ungeduldige Finger
zerreiben ein paar
Blättchen

Ihr Atem
ist eine
elektrische Welle

Spatzen und
Eichhörnchen
flüchten erschreckt

# Mit dem Doppelatem

Uferwange
an meinen Schritt gelehnt

daß ich das Wasser suche
ist natürlich
die Wortfalt der Wellen
vermehrt meine Sprache
um einen Atem

Mit den Armen
meines Doppelatems
fang ich Gestalten auf
eh sie gerinnen
ball ich den Regen
zu einem Körper
mit dem ich mich messe
zwing ich gelockerte Lichter
in die Sternfigur

# Mit vollendetem Glanz

An verfallnen Göttern vorbei
fliegst du
Taggestirn
mit vollendetem Glanz

Wenn der Regen
die Dächer heimsucht
sprechen die schiefen Knospen
jenseits der Mauer
deutlicher

Geläutertes Laub
Auch du
plötzlicher Pilz
bist geadelt
In den Nestern
atmen
fertige Flügel

# Eine spurlose Hand

Auf dem Ozean atmet
der Mond
Salz und Sternenluft auf Deck
Phosphorfische färben
die Fahrt

Schaukel aus Schaum
Schwung vom Milchweg
zum Meer
Eine spurlose Hand
gießt
den Himmel ins Schiff

## Ewigewig Sommer

Die straffe Haut
der Traube
am Hang des Sommers
Sag kann der Wein
süßer sein
als solcher Sommer
Sag ist der Traum
der größre Raum
als dieser Sommer
Wer weiß es wer
was mehr und mehr
ist als der Sommer
Die straffe Haut
der Traube
als wär der Sommer
ewig ewig Sommer

# Mondasche

Mohnsterne
im schlafreifen Kelch
Die Nacht ist ein
schwarzes Feuer

Wenn du erwachst
ist schon
der Mondbrand gelöscht
liegt schon die Asche
in deiner Hand

Trauere nicht
Streu den Mondstaub
in den Wind
Vielleicht wächst er zusammen

# Nacht III

In der Nachtkrippe
schaukelt
eines Wiegenlieds
Litanei

Figur an Figur
von versteckten Fingern
entflammt

Sternfamilien
In der Mitte
die Mutter
die Kinderschar
um ihr Licht
Aus silbernen Brüsten
quillt Milch

# Froschperspektive

Der Froschkönig
Regent des Teichs
tauft seine Krone
mit Schlamm

Der Chor der Froschprinzen
singt die Tümpelhymne
stimmt an das Nachtgebet
die Algen sagen Amen

Der Goldfrosch am Himmel
der runde Riese
König der Nacht
kommt zu ihnen geflogen

Lauschend schaukelt er
auf dem Diwan des Teichs
sonderbar: er ist
unten und oben zugleich

# Nacht IV

Die Pfauen
sind schlafen gegangen
im Mondzelt
das Rad ihrer Augen
kreist um den
Nabel der Nacht

Wir pflücken
Sternkräuter
und brauen den
Tee unsrer Zauberkunst

Nun ist es leicht
die Flügelfee wahrzunehmen
im schwarzen Gemäuer
und mühelos zu tragen
das Gewicht der Erscheinungen

# Neujahr I

Mit Zigeunern wandern
Zukunftszelte aufschlagen
zwischen zwei Zeiten
in dieser Nacht geglückt

Laß Drachen steigen
die ein Meister schnitt
aus Meteormaterial

Der struppige Engel bläst
ins Horn
sein Ruf
ein Windkran
hebt den Schnee
aus den Angeln

Kein Eis hemmt den Strom
der Sanduhrzahlen

Nimm die neue Ziffer
ins Gedächtnis
mit auf die Wanderschaft

## Nur die Gestirne

Was noch an Südlichem blieb
wird siech
Im Trost der Sonne
ringen Büsche nach Atem

Du watest im
Fluß der Fäulnis
Das regenumrahmte Ufer
hängt im erblindeten Raum

Daß Sommer war
ist Legende
Deine blauen Hände
glauben es nicht
Nur die Gestirne
haben noch ein Gesicht

# Ostern im März

Frau Holle
deine Federn
schenkst du der Sonne
zum Schmaus

Aller Flaum
schon vertan
Kein weißes Gespinst mehr
im Spind
Winkst du uns
mit wehendem Tuch
dein Ade zu

Wir haben
ein anderes Muster bestellt
Safrankelche
Flasche mit rotem Gedenkwein
Erinnerungsbrot
im blattgeflochtenen Korb
die bunten mythenbemalten
Ostereier

## Prismen

Das Prisma im Fenster
zerbricht
eine Wolke
fährt über die Flasche

Du siehst der Zeit
auf den Grund
im Spiegel wo
dein Bild eingerahmt ist
von matten Farben

Die Wolke wächst
in den Spiegel
du siehst der Zeit
auf den Grund
das Prisma in deiner Pupille
erlischt

## Salz und Versäumnis

Gestern nacht
schwamm das Meer an mein Bett
bot mir sein Salzherz an

In silbernem Panzer
ein Riesendelphin lag
im Sommersand
mondene Augen aus Glas

Sei nicht so tot
rief ich
ich hole Freunde zu Hilfe
Engel und Meergott
sie legen dich in den
nassen Atem zurück
Sei nicht so tot

Zur Rechten der Fisch im Feuer
Zur Linken die Brandung
tauch mich in
Salz und Versäumnis

Die Freunde schlafen
in Wolkenfedern und Meer

# Schnee I

Wolke
weiße Vermittlerin

Glückt mir's
ein Wort zu finden
das dich bringt

Dein Schneeherz zittert
Der Wind
mein Wort
es war der Wind

Du schneist
Ich werde weiß
an deiner Sprache

Doch wie soll ich
wie soll ich
meinen eignen Schnee
die kleinen Sterne
steigen lassen
Sprich

# Die Nacht hat

Die Nacht hat
der Mond hat
Silberwimpern
pfaublaue Augen

Ein Reh geht
durch mein Haar
Schatten duellieren sich
im Sternwerk
Ich trage ihre Schüsse im Ohr

Ich stehe
rechts in Schneewurzeln
links im Bach
der von Dach zu Dach stürzt

Es ist friedhofgrün
Die Nacht hat
der Mond hat
silberne Kinder im Arm
meine Ungeborenen

Die weißen Rosen
in der Nabelvase
duften immer milchiger
immer kühler
auf meinem Grab

# Dezember

Schwer der Übergang
Dieser Monat hat seine Wunden

Herzog Dezember
ein Fürst
in unserm Land

Wir dienen ihm
Daß sein Glanz
uns nicht erdrücke
ist unser Gebet

Schnee
uns zu Füßen
Weiße Sterne verbluten

Auch dieser Monat tut weh

## Des Kaisers

Der Stern
blutet auf der
Bettlerwange
Der Pfennig liegt
durchstochen im Staub
Fische mit
gebrochenen Augen
faulen im Schimmelteller
Schüsse laufen atemlos
von Mensch zu Mensch
Feuer fällt
in die Eingeweide

Der Silbertaler wird schwarz
». . . was des Kaisers ist«
alles ist des Kaisers
der Urenkel wird siech
Lepra frißt sein Fleisch

Seliger Schnee
nimm auch das Echo
in deine Vergangenheit
Gib dem Bettler
was des Kaisers ist

# Schneesturm I

Monumente vermummt
in glitzernde Kutten
Forellen
in Flocken verwandelt
umtanzen die Körper

Von allen Seiten
kommen Augen geflogen
duellieren sich
im Vielfarbenfeuer
Hauchsäulen
nüsternwarm
schweben im Schnee

Schutzlose Schritte
Kein Schuh
kennt den andern
Fremd die Stadt
wo du wohnst

# Schriften

Die Dinge schlummern noch
Ruhäugig schaut das Fenster ins Dämmern
Tisch und Stühle stehn verlegen
zwischen Tag und Traum
Die Kleider auf den Hängern
regen sich nicht
wollen nicht angezogen werden

Aber die Stunde sputet sich
wird unablässig geschrieben
von der Uhr

Die erste Sonnenfeder trostrot
schreibt die Litanei des Tags
auf die Scheibe
Bad Kaffee Eile
Fahrt im stählernen Brausen
dunkles Straßensilber
Menschengeruch
Ritual der Arbeit

Hinter der Scheibe
die Frühluft schreibt
Lebensduft
schreibt die Sonnenhand
das Gedicht des Morgens
ins Gedächtnis

# September I

Pflaumen reifen
Astern entfalten vielfingrige Farben
Auf Wurzeln gestützt
aneinander gelehnt wie Liebende
stehen Halme

Die Sonne wird strenger
Sie nimmt die Kreaturen
auch die warzige Erdkröte
und die reglose Kupferschlange
in ihre Obhut

Verwandelt
weilt der Mensch
in der Schöpfung
die ihn fürchtet und meidet
Er achtet ihrer nicht
sieht nicht
Leib außer seinem Leib
bemerkt nicht
Geist außer seinem Geist
leugnet
Seele außer seiner Seele

Die Sonne lächelt
und spendet
sterbendes Licht

# Die Sekunde

Die Sekunde
sinkt in die Stunde
nimmt mit meinen Puls
in den Gleichton

Dem mechanischen Tier
im Karussell
der Schreibmaschine
dien ich
8 × 60 × 60 Sekunden im Tag

Vom Fenster fliegt
der Sonnenvogel
aufs Papier
das aufblüht
eine Sekunde

Daß auch diese Sekunde
in die Stunde sinkt
die Stunde in den Tag
der Tag in den Maschinenraum der Gestirne
und sie das Karussell drehn –
ich spüre es nicht

# Sieg

Geschundene Haut
in schwarzer Watte

SIEG

Länder
vergriffen
In Bibliotheken stehn sie
als Prachtausgabe in Goldschnitt

Die Verbliebenen
chiffriert
im Geheimamt

Vorsicht
Der nächste Sieg
wird verkündet
geduldiges
sauber bedrucktes Blatt

# Song

Whisky ist transparent
wie du darling
leuchtest im Whiskylicht
eine Stunde im
süßen Inferno
time is money
aber eine Stunde
darling mit dir
ist ein kostbarer Corso
ein Jetflug über
Canyons und feurige Spiegel
ein himmlisches Spinnwebspiel
im süßen Inferno
eine Stunde
darling mit dir

# Sonnenaufgang I

Das Nichts
führt Dramen auf
im Traum

Vieläugig
schlägt ein Rad der
Sonnenpfau

Zurückgeworfen
ins Erwachen
wer bin ich wenn
der Vorhang fällt

Das Ticktackherz
liebt meinen Zahlensinn

Ach Sonne
ich zähl nicht mit
wo soviel Gold
ist im Spiel

## Spiel im Spiegel

Mädchengesicht
aus sechzehn Jahren
steigt in den Spiegel
erschrickt

In den Pupillen brennt
schwarzes Licht
die sechzehn Jahre
löschen es nicht

Wohin führt der Brand
Die Spiegelhand
hält zwei Fackeln
rechts und links
Abgründe aus Glas

Das Spiel im Spiegel
beruhigt sich
die Zwillinge
finden sich wieder
schwesterlich
im Quecksilberraum
voll heimlicher Feuer

## Abschrei

Den Abschrei
des Stürzenden
nur mit dem Zwerchfell
hören

Ich ertrag es nicht

Bruder
ich möchte in deine
Haut übersiedeln
deine Schönheit
mir zu eigen machen
deinen Schatten
auch deine Schmach

## Sterne

Immer brennt mir
ein Stern im Aug
Verlöscht er
ist ein andrer
auf die Netzhaut gespannt

Die Feuer werden nicht alle

Funkelnd
im Schlaf
mein Erzfeind kam
der ersehnte

Wir sprachen
mit gespitzten Lippen

Ich fragte:
warum so spät
Seine Antwort
– ein scharfer Stern –
stach einen andern aus
in meinem Aug

# Taufe

Die Mauer gegenüber
mürrisch verraucht
Aus einem Fenster
drückt ein Gesicht sich
ins Licht
lächelt erlischt

Die Straße wird anonym
Der Regen tauft sie
Vielleicht kommt auch
der Geist

Einer singt
besoffen natürlich
wer sonst singt
am hellichten Tag
in New York

Wir sind sachlich
Aber ein Seitensprung
in den Traum aus Alkohol
wir verstehns

Wieder tauft der Regen
die Straße
Vielleicht

## Auch das Verborgene

Auch das Verborgene
hat ein Gesicht
Du siehst nur den
Wangenrand verstrickt in
den Gang der Räder

Dein Blick ist
dem Auge fremd

Rück ins Gesichtsfeld
der Lippe
sie sammelt die Stimmen
Das Verborgene
bewegt sich
im Innern des Atoms
In seiner Flamme
baden die Wasser
sich dicht
Auch das Verborgene
hat ein Gesicht

# Vom ersten bis zum letzten

Die Stunde verebbt
an der Küste der Zeit
aber ihr Geist
aus Zeitlosigkeit
bleibt

Bleibt
im unergründlichen Leib
des Weltalls
dessen zahllose Zeiten
Schleier sind
haupt- und nebenfarbne

Immer schlingen sie
einen bleibenden Schimmer
wie einen Ring
um den Baum der Erde
Seine Äste
reichen vom ersten
bis zum letzten Ding

# Rückkehr

Über dürren Decken
aus Stroh und Gestrüpp
knistert wieder
der Sterne unverletzter Glanz
Durch Ritzen hölzerner Welten
tropft der Sprühregen ihrer Strahlen
auf Dunkelgärten
und Stoppelfelder

Nachtblüten öffnen Safranlippen
und reden auferstandnen Duft
ins Ohr der Luft
ins Lauschen der Betrübten
und Ungeliebten
Die Poren der erkrankten Träume schlürfen
den Heiltrank aus umsternten Kelchen
das aromatische Geflüster
verschwisterter Regionen

Und jedes Du hat wieder ein Gesicht

# Augen

Augen
– Lichtlippen –
ungehorsam dem Gesicht

Das eine spricht JA
das andere NEIN
Fatum im Blick

Ein Meteor stürzt zurück
in Iristiefe
als riefe ein Stern
Sieh – hier bin ich
bei dir ist mir gut
einen Augenblick

## Cezanne im Central Park

In der Mitte der Metropole
meilenlanger Smaragd
im Ring der Wolkenkratzer

Die alten Muster
durchleuchtet
vom Röntgenaug Cezannes
Architektur der Stämme und Steine
transparente Körper
Dichtes Dickicht durchdringt sich
Fels in Fels
Grün in Grün
in Manhattans Juwel

Seht
das Konkrete abstrakt
das Abstrakte konkret

# Reisen I

Reisen
ins Ringelspiel
Spiel der Ringe
du und ich
führen Krieg

Reisen
um sich in Stücke
zu zerreißen
da zu sein überall
wo sie nicht sind

Reisen
Leben zu beschleunigen
den Tod
aus dem Geleise zu schieben

ins Land jenseits
des Jenseits

Das Jenseits zu verschieben
ins Später ins Späteste

reisen

## Die Stille

Wenn du in einer
Welt aus Lauten lebst
    die eines Tages verstummen
    Räder still stehn
    Aeroplane nicht mehr dröhnen

steht sie plötzlich vor dir
Engelin aus Kristall
    aber nicht stumm
    denn die Stille
    hat eine Stimme

# Schleier

Die Sonne verschiebt
die Schleier der Dinge
Sichtbar wird
was uns liebt
uns nicht kennt
aber sich uns gibt
Sichtbar wird
was wir sind
ein Wind
der die Schleier verschiebt

# Das Parfum

Kann es sich nicht begeben
daß ein Parfum
von tausend Blüten
eine Essenz ergibt
deren Aroma alles ändert

daß
was unmöglich schien
durch Retorten getrieben
in ein Geheimnis tritt
eine Tür sich öffnet

zur Menschenliebe
duftend verteilt
an feindliche Kontinente

# Werbung

Sonnenblume
Abgesandte der Sonne
willkommen

Auch du
Mondrose
schimmernder Kelch

Sternsträuße
fünfblättriges Lichtlaub
wer ist euch gewachsen
Wir dunkles Distelvolk
werben
um eure Gunst

# Wir überstehn

Spielen Violinaugen
ein Spiritual
oder tickt dein Blut
an meine Haut

Tolle Luziferzeit
hinter verriegeltem Stern
im rostigen Reich
voll Stacheldraht
wo Flocken himmlischer Vögel hängen
so viel Metall zwischen uns

Unsere Konstellation
ist die präzise Figur
zweier Feuer
Wir überstehn sogar
die Rosengefahr
und die schreckliche Übung
der Harmonie

## Der Graue

Der Tod träumt in mir
sein graues Leben
Aber ich bin noch
rot und blau und grün
in ihm
Muß noch Wälder verwalten
Zeichen entziffern
Himmel in Atem halten

Er ist immer mit dabei
groß und grau
will alles Rot und Grün und Blau
grau machen in mir

Ich trete ihm entgegen und sage
Der Wald klingt nicht
der Himmel ist blaß
die Sterne sind versiegelt
Ich habe viel zu tun
sag ich ihm

Der Graue träumt sich aus mir
hinaus in die Wolke
Sie verwandelt sich in
flüssiges Silber
um mich
Plötzlich steht ein Regenbogen
zwischen ihm und mir

## Zauberer

Die Post
bringt täglich
neue Zauberer
Man muß sich hüten
einen Brief zu öffnen

Im Nachbarhaus
sind alle schon verwandelt
in nützliche Geräte
Staubsauger Kühlschrank Bügelbrett

Ich halte mich
an meinen Spiegel
er kennt mich
er erkennt mich noch

Im Tanzsaal
die Marionetten
sind aufgezogen
die Federn summen
Dreieck und Quadrat

Drei Worte täglich
ach die Wahl fällt schwer

## Zum siderischen Punkt

Karpatenschnur
am Kinderhals
ein Milligramm Himmel
Serpentinen umringeln
den Gipfelstern
im Aug
Jede Biegung knüpft die Schnur
fester an den Fixstern
Die Spiralenspur
ist ein Magnet
aus ehernen Nullen
hin zur Nadelspitze
im Blut
zum siderischen Punkt

## Der Name

Ein Name
ohne Lettern
ohne Gestalt
zu lesen von innen
nach rückwärts
nach unten
nach oben
nach allen Richtungen

Wie ihn gestalten
wie ihn verwalten
wie ihn weitergeben
an alle Namen
die Atome und Elektronen
von ihm bekommen
wie ihn verlautbaren
in welches Licht ihn rücken
wie ihn schützen
wie ihn besitzen

wie ihn beginnen
wie ihn beenden
wann wo wie

# Der Zeiger macht einen Schritt

Der Zeiger macht einen Schritt
Schatten bemühen sich
den Horizont zu erreichen
Die Sonne wehrt sie nicht ab

Ein paar verirrte Wolken
stehn ratlos um das
erblindende Licht
Die Luft ist passiv

## Zwischen Stäben

Zwischen Stäben aus Chrom
gestreiftes Gesicht
müde und grün

Stahlwurzeln
fesseln die Ferse
der Canyon schwebt über ihr
das Kabel der Kran

Ein Haus ums andere
stürzt auf die Stirn
sie trägt den Schutt
in den Falten

# Handanalyse

An der Mündung des Herzlaufs
voll der Mond
du liebst

Daneben kräftig gezogen
die Parallele
vertrau deinem Denken

Das große und kleine Dreieck
zähl deine Münzen
zähl dich dazu

Am Venusberg
Verästelungen
des Schmerzgestrüpps

Der Lebensstrom
ausholend nach außen
immer dünner
du siehst
wo er versiegt
Die Zigeunerin deutet
Geh dem schwarzen Mann
aus dem Weg
Er wartet beim Fadenkreuz
hier

Aber wisse: du lebst

## Herbstverse

Im wunden Wald
wo die Vögel schweigen
weil der Wind zu laut spricht
und der Hagel
alles Laub durchlocht
und die Nester leer sind
und die Vögel schweigen
im kalten Wald
und das grüne Blut gerinnt
und der Regen macht
auch das Moosherz matt
und die Vögel schweigen
im wunden Wald

Keine Lücke blieb
im kalten Wald
nur das Schweigen widerhallt
in leeren Nestern
wo der Wind zu laut spricht
viel zu laut spricht
und die Vögel schweigen
im wunden Wald

# Im See der Sonne

Der Morgen tritt in den Raum
der Erwartung
einer Erneuerung oder
eines verkörperten Glücks
Das Licht liebt die Begeisterung
steigert die Sehnsucht zu Ungeduld
Plötzlich erstrahlt
das abgedroschene Bild der Straße
im See der Sonne
und der Moment
ist ein persönlicher Raum

## Jenseits der Regenländer

Jenseits der Regenländer
lebt die erlauchte Fee
in der sich alle Mütter
bergen

Aber die Waisen wohnen
im ewigen Wolkenland
dem Kontinent der Kinder
die keinen Geburtstag feiern

Das Grau hat viele Eingänge
– ein Labyrinth ohne Rang –
hat zahllose nasse Gänge
die keinen Ausgang haben

Jenseits der Regenländer
wären die Waisen zu Haus
hätte die Fee den Schlüssel
nicht verloren

# Glauben

Wir beten zum Berg
um Glauben

Er zeigt sich bereit
uns zu dienen

Auf dem Gipfel
hißt er die
Sonnenflagge WILLKOMMEN

Hände und Knie zerschrunden
wir erklimmen die
höckrige Luft

In Steinstiefeln
er kommt uns entgegen

Wir nehmen uns
ins Gebet
es wird glücken

Da schlägt der Adlerschrei
uns das Amen
vom Mund

## Halt dich fest

Halt dich fest
an einem Zipfel der Erde
Sie spielt mir dir
Aufgang
Untergang
Sie spielt mit dir
dein Stückchen Leben

An ihrem Kleid klebtest du
als Kind
An ihrem Mund
war dein Sommer rot
An ihrer Brust träumtest du
Weltaufgang

Jetzt spielt sie mit dir
Weltuntergang
Halt dich fest
an einem Haar –
sie spielt mit dir
keinen zweiten
Weltaufgang

# Leitmotiv

Die Taube klopft ans Fenster
Der Mann mit dem Messer
steht neben mir
Ich lasse sie nicht herein
Verstohlen streu ich
die Körner

Die Küche summt
in tanzenden Töpfen
Aus meinen Augen
rieselt Salz auf die Zwiebel
Die Samen des grünen Pfeffers
ertrinken im Tomatenblut

Der Muttergeist
lüftet die Deckel

Die Taube
ist in ihr Schicksal geflogen
Rote Flecken halten den Himmel wach
über Drähte die sich drehn
mit der Erde –

als schlüge ein Herz
in jedem Draht
ein Leitmotiv
das verwundet

## Matrosen

Schnee dezembert
im Hafen Manhattan
Schiffe europabereift
durchschneiden die Schleier
Die Anker fallen

Matrosen
die blauen Heimatlosen
umwerben die Welt

Land um Land
legt an
an Manhattans schlanker Gestalt
Matrosen
die blauen Heimatlosen
ein paar Tage hier
tannenverbrämt
dezemberdaheim

bis das runde Spiel
wieder beginnt
Marseille die nächste
Heimatlosigkeit

# Mittagstraum

Die Nordostbrise
singt die Ballade von der
grünen Auferstehung
Steinchen im Asphalt
erneuern ihr Leuchten
in der Aprilsonne

Wir träumen
auf den Bänken unsre
Mittagspause zu Ende
Minutenkurz schlummern wir
im Traumschloß
auf der Urweltreise
oder im Mutterarm

Wenn wir die Lider öffnen
blicken wir in die Glitzeraugen
des Pflasters
Die Statue of Liberty
meilenklein
winkt uns zu ihr seid frei frei
Eins ruft die Turmuhr
ihr Finger droht
sputet euch
der Traum ist aus

# Empire State Building

Der Stahlrippenadler
erobert
das Vogelschaufeld

Sechzehntausend Seelen
im Wolkennest
überm Ameisenhaufen Manhattan
fängt alles auf
was unter ihm ragt und sich regt

Weißer Möwentanz
um Spielzeugschiffe
Wimpel aus Wind

Schwarzzauberschwerter
schneiden in Streifen
die Sicht
Querschnitt
schattenscharf
durch unser Herz

# Fremde

Sterne
im Andrang des Dunkels
Falken auf der
Schulter der Nacht

Lust der Jagd
Der Mond
verheimlicht es
mit verschwiegenem Licht

# Möwen I

Die Reede verödet
nur ein paar Möwen
beleben die Luft

Hier hat das
Schiff geschlafen
die Meere geträumt
Indien und den Orient

Rot stand Orion
über den keuchenden Masten
Keiner im Schiff
ward verschont

Nur ein paar Möwen
geben den Trümmern
letztes Geleit

# Mondweh

Sichelmond
Die Ziehharmonika schneidet
die Luft in Stücke

Hinter meinem Schlaf
liegt der Hund
im Hof
hat Mondweh und
Harmonikaschmerz

Werd grad schiefer Mond
weint er
ich bin dein Ästhet

# Nachbarn

Namenlose Gesichter

Im Augenspiegel
die Länder
dunkel und warm
von Südsonne

Vokale
mit Rosen verwoben
im weichen Akzent

Lächelt euch zu
sucht die gültige Geste
die wortlos berührbare Stelle
im gemeinsamen Hier

# Morgen

Du erwachst
Es ist Tag
Er duftet nach
verschollenem Glanz
Von den Türmen New Yorks
knattern die Fahnen der Frühe

Deine Augen schlagen
quadratische Dächer
ins frisch gewaschene
Sonnenhaar

Sirenen
Sie rufen
zum Aufbruch der Schatten
Ein Keil von Aeroplanen
schlitzt das
blendende Blau auf

# Nebel I

Im Nebelhemd
die Sonne
orangengrau

Sirenen
schneiden die Luft
in Streifen
Bewegungen
ändern den Kurs

Die Gedanken der Natur
dehnen sich über die Dächer

Überall
stößt man auf Kulissen
wenn man den Gedanken
folgen will

## Nebel II

Ehe der Traum
Vergangenes und Heutiges zurechtrückt
das Gesicht der Sonne
sichtbar wird am Horizont
fahren Sirenen uns in die Ohren
mit Klagegeschrei

Gassen verlieren ihre Umrisse
Länder verlieren die Grenzen

Der Nebel kennt keine Grenzen
Und die Sirenen
wo sind ihre betörenden beschwörenden Stimmen
Heulende Weiber
treiben sie uns aus dem Traum
in die nebelgewebte unwirkliche Welt
wo Schiffe scheitern
Radar versagt
die Menschen sich in den Haaren liegen

Da hilft keine Sonne
keine Sirene
beschwört und betört den Nebel
Umsonst geht der
zusammengewürfelte
Traum in Trümmer

# Neue Dimensionen

Lauter das Oval
das Auge sternfarben
Stimme die ins Staunen ruft

Laß mich das veraltete Wort
aussprechen
Liebreiz
Neue Dimensionen
gruppieren sich
um den Ton

Härter ist heute
die Sprache
in Stahl gefaßt
aber auf den zwei Linien
rotgewellt
stehn die Lettern
LIEB – REIZ
unverbraucht

# Papier I

Länder aus Papier
Die Welt wird
dokumentarisch beglaubigt

Wir schreiben uns wund
Legitimier deinen Atem
schwarz auf weiß

Papiergewordner Wald
Es regnet Rechnungen
Zertifikate Zeitungen
Passierscheine Papierscheine
Scheine
ein Sintmeer

Die Arche wo

## Sanskrit

Nimm den Hut ab
Die Eleganz des Gartens
heischt einfache Kleidung

Die Algenbäume deines Bewußtseins
vervielfältigen sich
In deinen Wimpern grünt
eine heidnische Zeit

Ein Rot
macht sich selbständig
im allgliedrigen Grün:
eine Lippe
die aus dem Ohr
das Lauschen schöpft
Der Wurzeln Sanskrit
steigt in deine
Muttersprache

## Schneesturm II

Augenlos die Gesichter
im Schneesturm
Sternnadeln
tätowieren unheimliche Zeichen
in die Haut
Auf den Stirnen flimmert
das Wappen des Windes

Die Stadt fliegt in den Norden

Lautlos verhallen deine Schritte
Du wirfst keinen Schatten
Du bist eine weiße Bewegung
im Sturmnetz der Himmelsspinne

Du fliegst mit der Stadt
in den Norden

# Die Tauben

Engel schlummern in ihnen
Längst haben sie
ihre Mission erfüllt
Briefe befördert
Frieden verkündet

Gott hat sie wohl
im Schlaf erschaffen
in einem Traum ihre Gestalt erfunden
ein zartes Poem pastellbefiedert
mit rotem Ring um den Augenkreis

Schuldlos
unter Menschen geraten
ihrer Liebe preisgegeben

Längst ist der Engel
schlafen gegangen
in ihren Federn
Ihre Seele schwebt über Noah
Ihr Fleisch hungert nach Mais

# Sonne I

Sicher daß ihr gelingt
den Lichtleib im
Gleichgewicht zu halten
ohne ein Jota Glücks
zu verlieren

In ihrem Atem
auch du bewegst dich
mit einem gewissen Grad von
Gelassenheit
im Vertraun auf ihre
Kraft die sich
nie irrt

## Amsterdam im Oktober

In grüner Gracht
dein Gesicht
von zierlichen Giebeln
umrahmt

Der Himmel
ein grauer Gigant
schläft im Schiff

Geschlossen
das Tor zur Tulpe
Komm wieder im Mai

Musik des Motors
Das Mädchen bietet dir
an Amsterdam

Vermeerblau
Jahrhunderte schauen
zum Fenster hinaus

Kein Rahmen hemmt
Schatten und
Rembrandtlicht

Ewig atmet das Antlitz

## An eine Schlafpille

In Stunden zerstückelte Zeit
hält uns in Atem
Tat und Tabu
wirft uns ins Nachtnetz und
Gestirne mit geometrischen Zungen
beschwören fremde Formeln
Schlangen heben flache Köpfe
über dem Kissen
hinter der Wand rascheln Ratten
der Erinnerung

Schlaf
Schein aus Schwere und Flug
Raum und Ruh
wie werbe ich um dich
wie erwerbe ich dich
regelmäßiger Besitz

In Retorten gekochtes
Gift und Vergessen
eine Stunde Nichts
eine Stunde Dreizeit
eine Stunde Überall
gesegnet seist du
Traumkompagnon
chemischer Schlaf

## Steinbruch November

Federn mit gebrochenem Genick
auf dem Rücken des Winds

Er huldigt keinem Gesang
er zerstückelt die Stimmen
und bläst sie auseinander

mit seiner Braut
braust er
inbrünstige Dialoge
von Wirbel zu Wirbel

Er atmet
Sommer ein
Herbst aus

Schmiede dir
Schuhe aus Stahl:
es geht in den Steinbruch
November

# Verregnete Abreise

Mit geröteten Wangen
die Abreise steht vor der Tür

Tasche Koffer Schirm
rufen mir Eilworte zu

Am Himmel
Spott oder Drohung
Wolke wirft Wasser
in meine Erwartung

Ich höre das Herz der
Lokomotive in jedem
Gepäckstück pochen

höre die Wartenden jenseits
der Reise nach meinem
Namen fragen

Ich weiß ihn nicht mehr –
Regen schwemmte ihn weg

## Verschiebung

Dein Gesicht
verschiebt sich
von Stern zu Stern

Runzeln raunen
Erinnerung:
das verschobene Einst

In deinen Adern
gehn Ahnen um
mit der Scheu von Toten

Von Mensch zu Mensch
verschiebt sich
der Lauf
deines Bluts

## Auferstandener Sohn

Die Musik der Blüte
tönt auf
Der Ton ist Güte
weiß und grün
Nicht ein Chamäleon
mit erborgten Farben
nein eine selbständige Person
von sicherer Färbung
und Eigenheit
April
auferstandener Sohn
                    der Zeit

# Verse in Weiß

Über das weiße Blatt
die Feder fegt
Januar uns mit
Schnee beschlägt

Schon weggeschmolzen
Frische Weiß-Schalmei
Flieder wiederweiß
im Wiedermai

Der Schleier weiß
für Nonne und für Braut
Weißes Leichentuch
um Totenhaut

Der Schrei im Schnee erstickt
der Eispfeil traf
Ein weißer Engel schwebt
von Schlaf zu Schlaf

Die Taube weiß und glatt
vielleicht im Traum
bringt sie ein Ölblatt
in den Dunkelraum

# Bilder

*»Du sollst dir kein Abbild machen«*

Durch Bilder gehn
immer

Gefangene Abbilder
in Museumskäfigen
ewige Augen
Landschaften
hinter gemalten Farben

Farbe im Bildergespinst
du bist
hier und im Hintergrund
Kristalle aus Luft
lösen es auf
verdoppeln
sieh es im Spiegel
mach dir ein Abbild
wer bist du
hier und
im Hintergrund

## Computerlyrik

Lyrik
schüttle die Wörter
im Kaleidoskop

Aus der Hirnmaschine
quillt das Poem
buchstabentreu

Zufallsmetaphern
die grauslige
Costne-
Hölderlin-
Litanei

Drei Wörter
ein halbes Dutzend Gedichte
im Uhrwerk
jedes
zeigt die Zeit an

Silbensoldaten
schlachten
die Liebe
zum Wort und
Wortgefecht

Lyrik
dahin
ist es gekommen

# Reisen II

Täglich
verwandelt

Die Gesterngasse schwand
Anders die Häuser heute geschichtet
Menschen führen fremde Worte
im Mund

Ein Geleise verläßt dich
eins kommt auf dich zu
heißt dich willkommen

Eine Stadt geht schlafen
Eine andre steht auf
im verzauberten Augenraum

Du füllst die Koffer
mit Namen

# Das Mosaik

Aus meinen Einsamkeiten
bild ich ein Mosaik
von allen Einzelheiten
die ich mir selbst verschwieg

Es sollt ein Fenster werden
in einer Tempelwand
Zu scharf sind meine Scherben
zu heftig meine Hand

Ich brauche eine Fläche
die sich so neigt so dehnt
daß meine ganze Schwäche
sich sicher an sie lehnt

Es fielen viele Zeiten
seitdem mir in den Schoß
und meine Einsamkeiten
wuchsen und wurden groß

So groß daß keine Seite
der Erde mir genügt
denn eines Weltraums Weite
umfaßt mein Mosaik

# Wieder I

Kommt wieder
die unerwartete Landschaft
von Träumen gesäubert
hält noch die Reste zusammen
Krater Felsen Zypressen
das umgestülpte Janusgesicht
von trocknen Mimosen umsäumt

Lorbeer
zäher Gesell
welches Haupt
staubüberstanden
adelst du heut

Die grüne Uhr
ist verkauft
Im neuen Gehäuse
die Stunden
mit grauen Lippen plappern
unermüdlich
die Litanei: wieder wieder

Wieder
auch die Erleuchtung
Sie ists
ambivalente Erscheinung
Füße aus Schatten
Wangen aus Glanz

Frag nicht
sagt sie
Ich bin
Du bist

## Deine geatmete Welt

Deine geatmete Welt
Struktur der Stadt
Laubpanorama
die luxuriöse Hand
Gulliverstraßen bauend
von Ufer zu Ufer
alle Wege führen zum Meer

Rechts und links
deine schwimmende Heimat
Kontinente
im Puls explodiert
wenn an gewissen Stationen
der Pfiff ertönt
du gehörst uns
                    uns
                        uns
und die gefürchteten Fronten
sich in deinen Adern
verwirren

## Der Dom

Ich habe einen Dom geerbt
Ich kann nicht beten
Ich stammle Blume Waldruh Wolkenstern
ich stammle Mutter Meermund du und du

Meine Gebete sind mir nicht geglückt

## Wo dein sanfter Flügel

Weh wenn Kinder aufhören
Kinder zu sein
sich gebärden als hätten sie
vollen Verstand

Zu Kriegern erkorene Kinder
Sie lieben die Neunte Natur und
den Vormarsch sie singen
Sterben und Sterbenlassen
wo dein sanfter Flügel weilt

Nicht das
STIRB UND WERDE

# Zäune des Abends

Die Zäune des Abends
ziehen meerblaue Blusen an
und ritzen sich Licht ins Gewebe
denn es wendet sich ab
die Lampe am Horizont
und frierende Vögel
wärmen die Lieder im Nest

Zwittergestalten
halten die Umrisse der Häuser
auf den Schultern
wie Falken
es geht auf die Jagd
der flüchtenden Stunden

Der Herzpendel schwingt
von Pol zu Pol
wachgehalten
von der Quecksilberquelle
unter den wuchernden Wurzeln

## Zwei Schatten

Als der Abend
die Allee betrat
saßen sie auf der Bank
ein Schatten

Der Mond
fiel auf ihre Lippen
schnitt den Schatten
entzwei

Zwei Schatten
wortlos
Das Licht
tat weh
Die Allee
wurde länger
die Nacht schrumpfte ein

## Der Löwenzahn

Die weiße Kugel
des Löwenzahns
hat winzige Zähne
aus Hauch

Vielfach versponnen
locker geschlossen
die spinnfeinen Fäden
bleiben beisammen
in ihrem duftigen Bau
aus Fühlern Ordnung und Luft

Wenn nicht der Wind
in sie fährt
bleibt die
empfindlichste Blume
unvermehrt

# Der Mond

Der Mond
eingeschlummert im
Glück der Nacht

träumt auf
meinen Wangen

## Zurück I

Hermetische Blumen
Die Knochen der Stadt
sind versteint

Wir tasten uns
behutsam den Sonntag entlang
Hinter Antennen erblindet Glanz
Chinatown
ein Fächer öffnet
Jahrtausende

Wie atmest du Licht ein
unter den Schichten
der Ebenbilder

Einen Mühlstein aus Angst
um den Hals
es geht zurück
in die Tiefe

Muttermuscheln
das Meer im Arm
stillen den Strand
mit Erinnerung

# Geadelt

Geadelt
wie kein andrer Mythos
Abend
der die Gestirne anstimmt
und das Märchen vom Mond
erzählt

# Wiedersehen mit dem Wiener Wald

Waren wir Feinde
als der Friede schlief

Träumtest du mich
wie ich dich
wurzeltief

Ein Vogel rief
Ich kam zurück

Wirbst du mich
junigrün
Erlkönig Wald

In deine Wurzeln verstrickt
ich bin eine
Astgestalt

Verwandelst
mein Fühlen mein Denken
meinen Atem grün

Vor lauter Bäumen
seh ich mich nicht

Vor lauter Vögeln
hör ich mich nicht

Sind wir Freunde
Erlkönig Wald
Kennst du mich
wie ich dich
wurzeltief

# Wer von Schilda kommt

Wer von Schilda kommt
hat keinen Paß
Die Grenzen sind bewacht
von Menschen aus Papier
Fremdling was suchst du hier

Rund ist der Mond
in unserer Stadt
jeder darf ihn tragen als Hut
steht jedem gut

Unser Schnee ist ohne Spur
keiner rührt ihn an nur
die Sonne wenn's ihr paßt
ist sie bei uns zu Gast

Was ist GRENZE und wofür
Welcher Mond wohnt hier

Wer zu uns von Schilda kommt
muß einen Degen überqueren
namenlosen Menschen aus Papier
zu Willen sein und lernen
daß der Mond ein Kraterhut
der Nacht und daß es gut
ist fremd zu sein bei uns

# Weihnacht

Die Stadt badet im Schnee
Der Kranz grünt
auf der verriegelten Tür

Das Christkind bittet
um Einlaß
denn es ist kalt
in der Stadt im Land in der Welt
aus Schnee und Weihrauch

# Josef

Der weise
Jakob
war nicht klug
ließ nähen ein Kleid
aus Regenbogen
für seinen Lieblingssohn

Das Gewand
blendete die Brüder
entzündete ihr Blut
brannte ein schwarzes
Loch in ihr Haus
Sie wurden einig
den Regenbogen auszulöschen
in der steinernen Grube

Der Schöne in der Grube
war auch ohne
Farbenkleid schön
Er leuchtete
erleuchtete den Händler
ihn mitzunehmen
ins Ägyptenland

Josef entfaltete sich
Licht um Licht
erlitt sein Licht
reichte seinen
Glanz weiter
Berührung Fall
Weissagung Aufstieg
Herrschaft Umsicht Liebe

Not und Brot
Das Land war groß
die sieben
mageren Jahre lang
Josef hielt
Ägypten in der Hand
verteilte die sieben
fetten Jahre
an alle

Alle kamen
auch die Zehn
Und Jakob kam
weise unwissend
Josef gab
gab sich
gab sich zu erkennen

Über Ägypten
hing
ein Regenbogen

## Roter Mond

Gestern nacht
als wieder der
Schlaf mich verließ
warf ich ein
Messer ihm nach
und traf dem
Mond ins Herz

Er blutet
für meinen
Traum

## Zikaden

Sensensang
der Zikaden
unerbittliche Wiederholung
Melancholie

Die Mauer ist
ein Zikadenstaat
Seiner Bürger
Trauer
ist unser Trost
auch Eintönigkeit
hat einen Ton

wie Zeit
die unsre Stunden
zersägt
zu Musik

## Trauerspiele

In den Abgrund sinken
abgelegte Epochen

Blutende Wolken begleiten
das tägliche Trauerspiel der Sonne

Hunde bellen den Mond an
Der Mensch schreit ELI ELI

# 1965

# Blinder Sommer

## Blinder Sommer

Die Rosen schmecken ranzig-rot –
es ist ein saurer Sommer in der Welt

Die Beeren füllen sich mit Tinte
und auf der Lammhaut rauht das Pergament

Das Himbeerfeuer ist erloschen –
es ist ein Aschensommer in der Welt

Die Menschen gehen mit gesenkten Lidern
am rostigen Rosenufer auf und ab

Sie warten auf die Post der weißen Taube
aus einem fremden Sommer in der Welt

Die Brücke aus pedantischen Metallen
darf nur betreten wer den Marsch-Schritt hat

Die Schwalbe findet nicht nach Süden –
es ist ein blinder Sommer in der Welt

# Das dividierte Gesicht

In allen Hallen plappern Uhren
das dividierte Gesicht des Zifferblatts
gibt sich dem Zeiger hin
x-mal
lieblos und ohne Geruchsinn

Telefondrähte verbinden Weltteile mit
feindlichem Frieden
gefährliche Formeln bewachen die Grenzen
das Janusgesicht unsrer Epoche
grinst

Du suchst das verlorne Eden
stolperst über Grabhügel
den Eingang bewachen Stahlengel
in nackten Ästen nisten gefrorne Vögel

Du flüchtest ins Album der Fotoländer
auf irlandgrünen Flächen tanzt das Volk
Lugano leuchtet vokalblau
Schubert an den Flieder gelehnt
vertont Wien

unter dem lieblosen Herzschlag der Uhren

# Elektrisches Lächeln

Gesichter
aus dem Spiegel gestiegen
von der Uhr in die
Gasse gejagt

Das elektrische Lächeln
wird aufgedreht

Komm
es ist Zeit
elegisch zu sein
eine Minute

Schon wird das
elektrische Lächeln
ausgeschaltet
schon mußt du einsteigen
in den Rhythmus der Räder
schon fährst du
auf Schienen
elektrisch geladener Stunden

# Kräne

Ladenmädchen
Gestelle aus
Glasstirn und
Fingerkränen
bedienen dich

Mit blinden Neonaugen
starrt dich der Broadway an
Zwei Apostel zerbrüllen das
Evangelium
Lautlose Kräne heben
Kirchen aus den Angeln

In den Wolken
geschichtet der Metallhengst
von stählernen Stuten umworben
Ein Kran hebt
die halbe Welt
in seinen Sattel

# 24 Stunden

Plötzlich läutet die Weckuhr. Das Traumspiel fällt in die Versenkung. Auf der Drehbühne beginnt die tägliche Runde der Routine.

Der Kaffee duftet nach Afrika, die Zeitung nach Sensationen. Im Eiltempo gewinnst du die Schlacht um die Subway.

In der Achtstundenmühle mahlst du das Mehl des täglichen Brots: Litanei getippter Geschäfte und Kalkulationen. Pausenlos raunen die Sekunden im Blutgewebe.

Plötzlich steht die tote Großmutter hinter der Schreibmaschine und gibt Signale mit einem schwarzgelben Fähnchen. Der Weichensteller verschiebt das Geleise, du bist auf der Reise mit alten Schulkameraden. Die rotäugige Lokomotive braust durch das Salzkammergut, über Tirol und den Großglockner und hält vor dem Schloß in Schönbrunn, wo Franz Joseph leutselig lächelnd dich erwartet.

Mit einmal bist du wieder im Bürosessel, von der Stimme des Chefs gezähmt, voller Eifer die galoppierenden Minuten einzuholen. Das Papier vibriert, Zahlen und Buchstaben verfolgen einander.

Der Feierabend berührt die Finger, das symmetrische Gesicht der Uhr lächelt, der Zeiger zeigt Verständnis. Deine Muskeln entspannen sich. Der Spiegel zerschneidet die Kreise der Köpfe, verstrickt die Frisuren. Zwei Striche: die Lippen blühn auf.

Wieder bist du eingekeilt in einer Subwayschachtel zwischen Stoffen und duftenden Schuhen. Man schlummert stehend, man liest schlafend die Zeitung. Von Katastrophen bedroht, vom Kehrreim der Räder beruhigt, fliegst du in den Abend.

In der Halle schlägt der gemalte Clown einen Salto über die Stadt, seine rotgeweinte Nase glüht im Kalkgesicht.

Die verglasten Augen des Karpfenkopfs in der Küche schaun dich hypnotisch an, das Huhn kreist triefend auf dem Spieß, Kartoffeln rollen in die Bratpfanne.

Das Radio im Wohnzimmer singt: »Rheingold is my beer, is your beer«, »Smoke Cool, smoke Cool, smoke Cool«.

Kommen Gäste – du lächelst zermürbt. Die freundlichen Leute erwarten einen Einfall, aber dein Gehirn weigert sich zu zaubern, die Eingebung gibt nichts.

Mitternacht – das Bett ist eine Erleuchtung. Die auferstandne Mutter rückt das Laken zurecht, bettet die Pölster hoch. Die Uhr gähnt, das Fenster gähnt, die Lampe ist ein gähnend erhellter Mund. Du fällst in die Federn, sinkst in den Indigoschnee.

Über ein Mohnfeld eilst du zum Bahnhof, um den Zug nicht zu versäumen. Männer in Ku-Klux-Klan-Kutten, bewaffnet mit Hakenkreuzen und Revolvern umzingeln dich, der Raum raucht Gefahr.

Du willst fliehn mit angewurzelten Füßen, deine Lippen sind zusammengenäht, dein Hilferuf trocknet im Hals. Eine Notglocke hängt in der Luft, du ziehst den Hebel und
                    plötzlich läutet die Weckuhr.

# Das Signal

Ein Gerücht geht um
in den Kontinenten
und Ozeanen
bis zum Apex der Erde
ein ungenaues Gesumm:
ENDE – UMGESTALTUNG

Menschen sitzen in Sälen
aus Spiegeln und Glas
und warten auf ein Signal

Meere halten den Atem an
in Erwartung anderer Wasser
Gipfel messen sich
unter dem Starrblick der Sterne
Völker beäugen einander
von Glaswand zu Glaswand
in Furcht vor Vermengung

Sie sitzen in Sälen
aus Spiegeln und Glas
jedes in seiner
hermetischen Kapsel
und warten auf das Signal

## Bruder im Exil

Bruder im Exil
in Zeitungen gekleidet
gehst du der Sonne aus dem Weg
dein Koffer steht vor der Tür
von Raben bewacht

Der Baum bittet um Einlaß
in dein Vertrauen
aber du reitest ins Regenreich
wo der Dornbusch erlosch
kein Vogel ein Nest baut

Sonntag irlandgrün
im Nebel hängt eine Kirche
blühende Fenster winken
Du wendest dich ab
wanderst von Land zu Land
um die blaue Lampe zu finden
obwohl du weißt
daß der Athlet sie zertreten hat und die
Scherben zerstreut liegen in Europa

Trägst den Abend zum Strand
Sterne halten den Himmel im Gleichgewicht
daß er nicht stürze auf dich wie Amerika
das Wasser brüderlich fremd
schwemmt weg die Trümmer deines Traums
das Wasser dein
Bruder im Exil

# Die Fremden

Eisenbahnen bringen die Fremden
die aussteigen und sich ratlos umsehn
In ihren Augen schwimmen
ängstliche Fische
Sie tragen fremde Nasen
traurige Lippen

Niemand holt sie ab
Sie warten auf die Dämmerung
die keine Unterschiede macht
dann dürfen sie ihre Verwandten besuchen
in der Milchstraße
in den Mulden des Monds

Einer spielt Mundharmonika –
seltsame Melodien
Eine andre Tonleiter wohnt
im Instrument:
eine unabhörbare Folge von
Einsamkeiten

# Würfel

Mondrianspiel
　　Manhattans Würfel
nicht rot nicht gelb
　　grau fallen sie ins Aug

Im Ameisenstaat
　　wir tragen Balken
legen sie den
　　Wolken in den Weg

dienen sollt ihr
　　wie wir dem Babelbau
Mit Zahl und Zange
　　die Zeit zahlt es uns heim

# Häuser in Manhattans Slums

Ihr Häuser namenlos mit verrauchten Augen einander an-
gaffend

reihweis eingewurzelt in der gichtigen Gasse ihr seid mir
leid nicht fliegen könnt ihr ins Blau wo die Wolken
wachsen nicht wandern ins Grün wo Pan die Baumflöte
höhlt nicht gehn zum Wasser das die Farben zusammen-
schnürt fast so fein wie der Himmel den Farbbogen aus
Sonne und Regen

Reisen reisen – ihr faulen Häuser ihr seid mir leid ein
Chirurg möcht ich sein eure Füße aus dem Stein schneiden eure Flügel aus dem Mörtel die Kinder die in euch
wachsen würden euch zeigen wie man geht wie man
fliegt wie man die Augen rollt um den Himmel herein-
zuholen den ganzen Kreis der Hudson gäbe euch Un-
terricht in Rhythmik er ist ein rühriger Lehrmeister
seine verzweigten Wasser haben Wurzeln in Himmel
und Meer

Ihr Häuser ohne Baumgrün Grasgrün Lichtgrün ihr seid
mir leid auf euren Dächern trommelt der Regen Protest
brennt die Sonne Protest. Ihr greisgrauen Häuser die
ihr einander angafft anonym ich wette ihr wißt nicht
einmal daß in euren Augen der Star wächst

# Verschiebung der Konstellation

Stunden aus unsterblicher Langeweile
im Büro als gäbe es keinen
Berg aus Erz kein Gedicht von Feuer
keine Liebe von Rang

Wolkennester: weiße Briefbogen
am blauen Baum
jenseits des Fensters
Ich wage Engel zu denken
schneide mir aus der Scheibe
ein Viereck Himmel
unendlich teilbar durch Engel

Worte die ihnen dienen
strömen in die Maschinen
verschieben mit transparenter Kraft
die Konstellation der Körper

Das Büro auf dem Erzgipfel
ist ein Sonntagsgebäude
aus Flügelfenstern fließen
Engel in Quellengestalt
die Sonne diktiert ihnen
Briefe in Versen
an die Feen der Luft
Adler besorgen die Post

# Sonntag am Riverside Drive

Landschaft vom Wasser getüncht der Wind
treibt sein Spiel mit Wolken Möwen sind ovale
Bewegungen um ein langes Messer ein Schiff das
den Hudson zerschneidet ohne ihn zu verwunden
    Schwarz rauscht die Welt aus der entblätterten Zeitung

Glanz ölt die Promenade Kinder auf Rollschuhen fliegen
ins Licht hinter Holzbänken grünt der August
entlang der lückenlosen Autoparade
    Schwarz rauscht die Welt aus der entblätterten Zeitung

Die Sonne begleitet den weißen Metallwagen des
Icecream-Verkäufers der heiser ist vom Ausrufen der
zwei Silben jenseits des Wassers auf erhöhtem
Terrain grünt der August um nüchterne Häuser ein paar
Schiffe schlafen im Hafen weiter oben im dichten
Dunst hängt die Washington-Brücke traumhaft real
    Schwarz rauscht die Welt aus der entblätterten Zeitung

Wir bringen den Sonntag zum Riverside Drive wir
werfen das Autogerassel ins Wasser wir
werfen das Gewicht der Woche ins Wasser wir
werfen die Welt ins Wasser daß sie sich wasche von
    Kohle und Asche

# Park Avenue Party

Während Januar die Gassen pudert, Bogenlampen den Abend in Zitronenranken verzaubern, Gummireifen das Pflaster schleifen in gleichmäßigen rotgrünen Abständen, konzentriert sich der Samstagabend auf eine Wohnung in der Park Avenue.

Fünfzig Freunde und Feinde werden traktiert mit Wangenküssen und geölter Herzlichkeit. Die erste Phase der Verwirrung spült ein Cocktail herunter.

Gruppen um Leckerbissen, Whisky, Likör. Die Menschenliebe erstreckt sich vom Bartisch bis ins verwandelte Gastzimmer. Der Speisetisch biegt sich von Fleisch, Fisch, Gelee, Salat, Pralinen, Früchten, Nüssen, Kuchen, Kaffee. Witze schlagen Wurzeln auf dem Sofa, das aus allen Polstern lacht.

Die Menschenliebe wird andauernd umgruppiert, das Ritual des Lächelns läuft von Gesicht zu Gesicht, Kerzen färben die Stimmung rot, Nischen sind ein flüsternder Sommer den keine Icecream abkühlt.

Aus dem Wein fliegen Lieder, Tanzrhythmen aus den Rillen. Die Menschenliebe gruppiert sich um und um nach Alter, Geschlecht, Reichtum und Rang

während Schnee die Gassen verzaubert und die Sternaugen der Nacht die Uhren hypnotisieren.

# Chinatown

Enge Gäßchen
quer und quer
senfgewürzt
Lotrechte Namen
über Buddhas und Tand

Im Keller
das Halbdunkel duftet nach
Lampions und Limonen
über Papierbrücken
Musik der Stäbchen
auf Porzellan
wo rosa der Hummer ruht zwischen
Stengeln und Saft

Pfauen öffnen blaue Fächer
auf Seidenärmel
Die kleine Frau im Kimono
beschwört den Teegeist
in der Kanne

6000 Jahre
in schwarze Augen geschlitzt
das Erbe verbergend

Um das verschwiegene Viertel
sieh die Chinesische Mauer
himmelhoch gezogen von
dünnen Pinseln und
Konfuziuslehren

## Harlem bei Nacht

Er zieht lange Fäden
aus der Trompete
wickelt sie
um Harlems
Dickicht

Aus seinen Afrikaaugen
rollen weiche Streifen
Schwermut

Raketenpilze
schießen in den
Negerhimmel
zerstäuben
über dem Blues

Nur das Echo
taumelt noch ein paar Meilen
eh es die Seele
aushaucht

# Das Karussell

Heute ist die Gasse ein
Kinderkarussell
kreist
      um den Vorfrühlingsriesen
und die schreigesprengte Luft
zeigt die Häuser wie sie
aus dem Bad steigen nackt

kreist
      um den Märzmann der
derbe Worte wirft und flucht weil
sein grüner Rock noch nicht fertig

kreist
      und die Kinder lachen
fahren den Himmel hinauf
schleudern blaue Schreie
in knusprigem Englisch

kreist
      und die gerösteten Kastanien
an der Straßenecke platzen im Becken
Mütter und Gouvernanten
im Gruppengesumm halten
sich fest an die Schöße des Riesen

und das Kinderkarussell kreist
über sie schwindelfrei
kreist
      voll blauem Geschrei
um die windumwickelte Sonne

# April I

Da kommt er
wirft Luftlappen ins Gesicht
drückt Sonne auf den Rücken
lacht überlaut wickelt den
Park in grünen Taft zerreißt
ihn wieder stellenweise
pufft die Kinder spielt mit den
Röcken erschreckter Gouvernanten
drückt alle Regenhebel
macht los die Nordhunde von den Ketten und
läßt sie laufen nach Windlust

Ein toller Geselle
eine Art Eulenspiegel
auch gangsterhafte Gesten hat er
  (jaja mein Lieber du
  machst es uns nicht leicht
  dich liebzuhaben)

und doch und doch
im großen und ganzen
ein prächtiger Kerl
dieser April

# Tauben im Battery Park

Tauben
Venedig im Battery Park
Vor der Statue of Liberty liegt
der atlantische Lido

Der Ahornschatten flicht Blätter ins Haar
Finger streuen Manna für fette Tauben
Die verschmolzenen Jahreszeiten
schlagen an den Nacken

In der Luft funkeln gefiederte Fische:
Schneefedern mitten im Mai
Ein Schwarm Tauben mit trägem Aufschwung
schüttelt weiße Hagelkörner ab

Boardwalk am Battery Park
voll Geplauder und
regelmäßiger Musik der Turmuhren
die rühren die Traumtrommel im Ohr Schlummernder
wenn in der Mittagspause
Länder vorüberbrausen
mit Küstengeruch aus Salz und Gewürz

Eine Welle wirft Neapel ans Land
im Hintergrund raucht der Vesuv:
ein Schornstein umflimmert von einem
Taubenschwarm

# 100° Fahrenheit

Die Luft hat Fieber
Kinder spielen mit dem
Staub der Ahnen
Frauen welken
am kranken Glanz
werfen ihre Juwelen
in den Kehricht

Das Lerchenlied
fällt ins dampfende Luftbecken
steigt auf als Dunst

Das Licht liegt auf der Lauer
Glühende Schatten stehn
drohend vor den Toren
in denen sich Menschen
vor dem Feuer verbergen

## Am Strand

Meine Freundin am Strand
die vierjährige Mulattin
lacht das gelockte Lachen
ihrer Rasse

In ihren Augen badet das Meer
ihr Haar ist ein Schwarm Schwalben
die Hand eine bronzene Blüte

Sie schaufelt Sonne in den Blecheimer
schüttet sie in meine Hand
lacht ein Echo in den Sand

Ihr Schatten durchschneidet den Schatten
eines blonden Knaben
Eine Minute steht das Kreuz
in Glanz gehaun
dann zerbricht es
in zwei entgegengesetzte Bewegungen

Komm kleine Freundin
der Sand ist reif
wir wollen baun
ein Haus eine Stadt ein Land
füll deinen Eimer mit Sonne
lach um uns ein
weltweites Echo

# Battery Park

Fügsame Landschaft von Sonne und Luft modelliert
Uferlange Fläche aus Wasser und Land
Der die verankerte Arche im Inselherz spürt
weiß um das Doppelgesicht dort am Rand

Schiffe und Schatten in Trance die Wasser schlafen
Auf dem hypnotischen Spiegel tanzt ein Delphin
mit atmosphärischen Fischen der träumende Hafen
schwebt zu überseeischen Schneebergen hin

Nicht weil die Statue heroisch die Fackel reckt –
taucht in die Taubenruh im ahorngefalteten Licht
Ins Selbstbild vertieft vom flüssigen Feuer erschreckt
versinkt der Narziß vollzieht sich das andre Gesicht

# Romeo und Julie im Central Park

Romeo und Julie
im Central Park
verschweigen die Eltern
am andern Ende der Erde
wo die Trauerweide
NEIN
weint

Julie und Romeo
zwei grüne Feuer
im Gras
umarmt von
Juniluft
herzhier

Autotanz
Eichhornaugen und das
Ringelspiel
im Kreislauf

An Dollargesichtern vorbei
fliegen
Atemwolken
Juniduft
der grüne Globus
im Ringelblütenspiel

Romeo und Julie
todlos
unter Espen
rote Blitze auf Wimpern
grüne Sonne im Ohr
Romeolippen
Julienhaar
der Globus kreist
um grünes JA
um rotes JA
um atemloses Gras

## E. E. Cummings

The Bad Boy
                              erinnert auch an
Mo-zart so zart so Musik
                                        oder
frischen Schnee jede Flocke ein Stern erstmalig
                                        oder
Tropfen vom erfinderischen Regen
in Perlen verwandelt
                                        oder
einen pausbäckigen Jungen der ein
Bündel Luftballons auffliegen läßt von
lieben lahmen überflüssigen Leuten behütet
                                        oder
Gedichte offenbart vom Tag von der Nacht
                                        oder
Fleisch aus Farben im Schlaf
                                        oder
Traum und Tod im Spiegel im Mond
Oft ist Fühling im
Cummings-Gedicht
Jungduft helles Gelände wo der
Atem wächst im
                        Schlamm des Da-Seins
Wenn er April ausstreut in der
komplizierten Stadt
                              sieh wie schnell
er sie auf einen grünen Nenner bringt
den Asphalt verzaubert in
lila Reflexe
aufgeblühte Herzen

Von seinen andern Tönen
ein andres Mal

# Der einfache Tag

Spatzen stürzen sich in Lachen aus Licht
Gras am Straßenrand sprießt intensiv
Der einfache Tag
über unabsehbare Steine gehißt

Maschinen grau und grau
in Mechanik vertieft
Gräser grün und grün
ins Sprießen vertieft
Menschen tagfarben ins Tun vertieft
Der einfache Tag gegenwärtig
hier und hier

Die Sonne ist heute eine Orange
Spatzen stürzen sich auf ihre Körner
Gräser trinken den Saft
Menschen trinken ihren Saft
ölen Maschinen mit dem Saft
ihrer Energie
die Maschinen reagieren mit
begeisterter Mechanik und
singen ihr stakkato Tempo
an diesem einfachen Tag

# Während ich Atem hole

Während ich Atem hole
hat die Luft sich verfärbt
Laub und Gras trocknen in anderer Tonart
am Himmel hängt eine Fahne aus Stroh

Während ich Atem hole erfriert
in meinen Nerven eine Gestalt
ich höre den Umriß eines
Engels verklingen

Es ist Zeit den
Traum zu bauen in Grau
er ist ruhlos geworden und hat
sich schon niedergelassen in meinem
Haar während ich Atem hole

Inzwischen ist die Sonne verglast und
hat Sprünge bekommen ich suche ihre
unversehrte Form im Hudson aber
in seinen ergrauten Augen sind
die Konturen verschwommen
Vom Norden kommt eine
hurtige Hand und treibt
die Tropfen in den
Atlantischen Ozean
während ich Atem hole

# Ruf und Kristall

Von den Dünen her ruft es
Irgendein Inneres sucht
seine volle Gestalt

Eine entrissene Perle
aus verschollener Muschel
oder ein Lächeln auf Klippen
das ein Verliebter verlor?

Wer kann die Stimme enträtseln?
Wo hat das Rufende Raum
größere Formen zu wölben?

Komm – die Dünen sind heute
tönend und transparent:
eine Küste aus Ruf und Kristall

## Das unhörbare Herz

Im Geäder des Tags
schlägt das unhörbare Herz der Erdfee
die lautlose Trommel

Es begleitet die Spieluhr der Planetenpulse
die Nadeln der Sekunden
verwunden es nicht
Es ist gefeit
gegen Zeit und alle
Angriffe der Berührung

Manchmal wenn es sehr still ist
sehr weiß um mich
sehr anfänglich in mir
hör ich das unhörbare Herz
in meinem Atem
wie eine Uhr aus Luft
und die Musik der Spieldose
ist lebendig in meiner Schläfe
mit planetenhaft gedämpftem Ton

# Immer Atlantis

Immer geht Atlantis unter
in unserm Hinausstaunen
immer ist's ein atmendes Grün
mohnendes Rot
Zypresse und Marmor
immer Feste in schaukelnden Gärten
ebenmäßige Menschen
immer die Heiligen Zarten Alleinleidenden

Sie steigen auf in uns
versinken in uns
wir sind ihr Grab
Immer im Schutt von Palästen
ist ihr Tod lebendig in uns
mit verwunschnen Zypressen
Schlangen und Paradiesen

Immer sind wir eingewoben
in den Glanz auferstandner
Städte und Reiche
immer spüren wir den Kristall des Erdballs
im Auge brennen
immer funkelt Atlantis
am Gestade unseres Herzens

# Die Tür

*Für Marianne Moore*

Die Tür
nicht das Ding aus Holz
Die Tür
offen zu offnen Türen
zu offnen Wegen
zum Wald

Der Wald
nicht Bäume aus Holz
Der Wald aus atmenden Bäumen
Bäume aus atmendem Grün
Bruderberührung der Luft
Luft geatmet
in die offne Tür

Die Tür
nicht das Ding aus Holz

# Sang und Ozon

Staub atmet
auf lebendem Holz

Die Sonne legt schlafen
ihr Licht in die
rote Wiege

Traumstimme
Schrei der erschreckten Mutter
das Kind fliegt
mit der Wiege ins Lied

Augen aus Gefahr
auf Wegen die harmlos schienen
das war der Irrtum
die Lunge hat falsche Luft geatmet
es heißt eine neue
Sprache finden aus
Sang und Ozon

Grüne Herzen
im Strauch
Staub atmet
auf lebendem Holz

# Das plötzliche Land

Das plötzliche Land
duftet nach Zeder und Zimt

Frei von Heimat und
gewohnten Worten
ersteht es blindlings aus
dem Duft der Ahnung

Die Lenden seiner Küsten
sind anfangblau
seine Firne sonnenblond
seine Städte allfarben

Mit einmal
sind Menschen da
üppige Zentauren
Doppelwesen aus
Blumenhäuptern und Fischleibern

Alle Geschöpfe sind
spontane Übergänge in der
sich immerfort wandelnden Landschaft
Sie haben ein Muttermal
auf Stirn Blatt und Flosse
einen Tropfen deines Bluts

Das plötzliche Land
duftet nach Zeder und Zimt

# Ihr Duft haftet noch

Die einen sagen sie ritten auf Löwen
durch Afrikas Wälder wie auf Pferden
die andern erzählen sie flogen mit Möwen
über ein Lichtmeer motorischer Erden

Manche sind Auferstandene von Toden
die sich lösten vom Leichengewand
andre sind verbotene Boten
eines Heilands im Sagenland

Die lieblichen Löwen und Karfunkelvögel
treffen sich nicht in der Welt der Gewichte
Der Schrei aus dem Käfig erschüttert die Segel
goldner Boote im See der Gesichte

Eva stirbt das unsterbliche Sterben
spielt ihr kindliches Spiel mit der Schlange
Ihren Tod übertrug sie auf dämmernde Erben
aber ihr Duft haftet noch am Oval jeder Wange

# Nausikaa

Schilf und Zikadensilber
Schnuppen die Blaubucht entlang

Der Wandrer erwacht
zersplitterte Sterne im Blick
Nausikaas Antlitz aus Tau
taucht auf
und spiegelt sich doppelt
in seinen Pupillen
Ihr Haar löst sich
von den Strähnen der Meteore
strömt nieder und schwemmt
die Jahrzehnte weg
Ihre Hand voll Muscheln und Mondschaum
läßt alles fallen

Sie sammelt das Meer
Gestirn und Gestade
und setzt sie zusammen
Sie sammelt den Fremden
Zelle um Zelle
und setzt ihn zusammen
Sie färbt die Erde
mit Nausikaa-Atem
hängt das Amulett
um Odysseus' Hals
und führt ihn zum Vater
im neugeschliffenen Weltall

## Schatten

Mein schwarzer Riese
den Sonnenlanzen gewachsen
schlägt auf
ein Zelt

Da ziehen wir ein
da haben wir eine
kühle Küche

Ich braue den Rosentee
ich löffle ein Fenster
aus dem Licht
von meinem Riesen beschützt

# Zerbrochener Spiegel

Das Viertel Haus vor dem Fenster
steht der Sonne im Weg

Führt kein Pfad durch den
Spiegel? in weiter
Pupille mein Karussell hat
Raum für alle

Steigen ein die ich
nicht kenne: Kinder
Auf prächtigen Rappen und
Löwen durchreiten wir
Decke und Dach

Mühelos auf Luftschienen
ins Lerchenland unter
grünen Fahnen die
Lieder flügge

Im Flußspiegel unsre Schatten
rittlings in Wassersätteln auf
blauen Flößen aus Glas

Blindlings
aus heiterm Himmel vom
Blitz getroffen
wir stürzen ins Nichts

In meiner Hand der
Spiegel zerbrochen

Mein Blick blutet ins
Zimmer zurück

# Abendstern

Staunend aus dem Schlaf gestiegen
Wimpern bereift von Traum und Legende
unverletzt von stärkeren Sternen
(den spätern Geschwistern)
lauter wie Licht im Kristall:
Abendstern – erster Versuch ein Licht zu sein
zwischen Tag und Nacht

Jetzt kommen sie
durchstechen das Dunkel
umfreunden dich

Stört dich der Mond
blutrund berauscht von der eignen Pracht
dann silbern entblutet fast weiß
von der steten Anstrengung des Steigens?

Auf der Wasserbrust ruht er
lächelt dir zu bis ein Stein ihn trifft
Explosion des Mondes im Wasser
sein Licht zerstiebt
auf zerrissenen Wellen

Erschrick nicht heil ist sein Licht
auch deines im Spiegel
wieder heil und hell
das Wasser schlummert
intakt ist die Nacht
still dein Gesicht aus
Staunen und Strahl

# Juli I

In Dornenadern
das geklärte Blut
sonngesalbt

Auch Distelfinger
haben zärtliche Nägel
im Lerchenlicht

Hirsche halten
den Himmel
im Geweih

Wann trittst du
aus dem Gebüsch
Adam
deine Unsterblichkeit ist um

Deine Gefährtin
Schwalben im Hemd
wirft dir den Apfel zu
die Erde

# Erwartung und Wandlung

Die Tage werden dünner
Auf Rostzweigen hängen
die Schwüre Verliebter
die sie vergaßen wie
Eichhörnchen das Versteck ihrer Nüsse
Oben wehen weiße Schleier
Vorhänge auf Fenstern aus Kobalt

Dunkle Laute kommen vom See
wo die Angst sich verborgen hält
unter der Wange des Wassers
Du hörst das heimliche Raunen
der Warnung und Wandlung
Gezähmte Felsblöcke warten
geduldig auf Metamorphosen
lächeln und ihre Silberzähne
kauen das Wetter
Halme bewahren noch ihre zarte Gestalt
ihr Eigenleben und den Zusammenhang
mit ihrer Rasse dem Rasen

Schatten schaukeln die Parkbänke
Wind wiegt das schüttere Laub
Kinder lassen ihr Spielzeug liegen
laufen der Sonne nach
Luftballons kommen geflogen
in eifrigem Aufstieg
Sie halten sich wohl für Vögel
die Höhe für Heimat
und feiern ihr Steigen
Aeroplane mit tiefen metallnen Stimmen
rattern die unpersönliche Sprache
der Zweckmäßigkeit

Wieder tönt es vom See
mit verdichtetem Dämmerlaut
Wir erschauern
vor den Mahnrufen aus dem Wasser
und halten den Atem an
in Erwartung der Wandlung

## Das Wetter

Sie sagen es sei das Wetter
wir fangen es auf
mit dem Atem wir teilen
die Ungeduld der Wolken
sägen den Blitz entzwei entdrei
von den Pauken des Echos verfolgt
laufen wir in die Traufe
es regnet die Fäuste voll
es blüht den Blick voll
Lerchen stören uns nicht
bei Verrichtung der Andacht
fette Felder dampfen
die Ähren das Herz von
Mineralien gesättigt machen
Gemeinschaft mit dem Wind
wir wissen das Wetter
im Kern im Kelch
wir frieren Schneeschenkel entlang
auf entfremdeter Erde
kein Hagelschlag schreckt uns
kein Blizzard
aber das lidlose Sonnenaug
lähmt unser Licht
wenn der Blick in der
Wüste weidet
hingerissen von der
Fata Morgana

## Phasen

Als sie ihn erwartete
    war Rosenaufgang
        sie hielt den Sommer
            in der Hand

Als er nicht kam
    zählte sie bis hundert
        bis tausend
            bis unendlich

Als er kam
    war sie eine Statue
        mit tauben Augen
            abgehaunem Mund

# Evalose Zeit

In der Mondsubstanz
aus geborgtem Licht
wohnt das verwitterte
Adamgesicht

Die Wangensäcke
hängen im Eis
der Mund vergilbt
im leeren Kreis

Der Augenzwilling
schwarz entzweit
starrt in die
evalose Zeit

## Die Insel

Als wir uns
auf der Insel trafen
waren Sonnen verwoben
zu einem Gobelin
in den der Atem des
Wasser geknüpft war

In der Staubzeit
rückten die Sonnen
auseinander
die Insel wurde ans Land geschwemmt
du lagst ein Goldfisch
im Glasbehälter

Auch diese Zeit schwand
Ich stricke den Strand
der Insel
ins Buch

## Das Einmaleins

Die Gefangnen im Turm
halten den Wärter gefangen
und üben mit ihm
das Einmaleins der Stunden

Ins Wandgewebe
sind Labyrinthe gestickt
Irrgänge führen zum
Sesam-öffne-dich

Nachts holen die
Gefangnen verstohlen
die Welt in den Turm
verteilen sie gleichmäßig
untereinander
Am Morgen ist alles
spurlos weggeräumt
die Zellen sind wieder
finstre Rechtecke
ohne Vögel und Wasserfälle

Die Gefangnen begrüßen sich
verstohlen
mit Weltabglanz
und üben mit dem Wärter
das Einmaleins der Stunden

## Der Moment

Ich habe nichts als
die Nacht aus
$100 \times 100$ Nebellichtjahren

Ich habe nichts als
die Stunde aus
$60 \times 60$ Sekunden

Ich habe nichts als den Moment

Der Moment ist meine Schöpfung
die Brücke von meinem
Staubgeist zum Sterngeist
Der Moment ist mein Flügel
zum Flügel des nächsten Moments

Ich habe nichts als den Flügel
Ich habe nichts als die Schöpfung
Ich habe nichts als den Moment

# Alte ergraute Frau

Im Zimmer voll nichts und voll niemand
sitzt sie beim Fenster Stunde um Stunde

Jenseits der Scheibe
ist die Welt ein Zusammen:
Häuser Bäume Wagen Menschen
Gebilde entstehen
verschieben sich
winden und binden sich
lösen sich bilden sich wieder
im großen Zusammen
jenseits der Scheibe

Die Straße lebt laut ihr Draußen
alle treten sie
treten über sie hinweg
aber sie lebt dreist
ihre Lautwelt aus Pfiffen und Stimmen

Ausgeschlossen vom Draußen
tritt die ergraute Frau
zurück ins Zimmer
voll nichts und voll niemand
Allein in der Kammer aus
Kalk und Holz
unter der mageren Sonne der Lampe
tut sie ihr winziges Werk:
die Arbeit der Hausfrau

Grau wie die Wand
ist ihre Angst
an den Geist genäht
grau der Saum
im Ohr ihrer Enge
Die Wände weinen das Grau
der Wiederholung
Bett Tisch und Stühle
sind Fremde die sich befeinden

Der härteste Gegner der Spiegel
ist eisig bereit
sie aufzunehmen
im raumlosen Raum
sie zu halten im Bann
der erschreckten Augen
Kein graues Haar verschweigt er
keine Runzel
Sie schaut in ihr Schicksal aus Glas
und wundert sich daß es nicht bricht

# Das Spital

Mühelos erklimmen die Kranken
den Gipfel des Thermometers
Oben empfängt sie der Mohn
Sie durchstreifen das Gelände der Gefahr
mit dem Stab aus Penicillin
Das Spital ist ein Schneefeld
mit vielen weißen Schlitten
unhörbaren Glöckchen
Die Pflegerinnen
mit antiseptischem Lächeln
huschen von Wolke zu Wolke
verabreichen bittere Hagelkörner
Der Schnee ist ein Laken aus kalten Funken
ein Kissen aus Feuer
eine Decke aus Eis

Die Patienten fliegen
in weißen heißen Rodeln
den schwindelnden Abhang
hinab

# Unterirdisch

Mit dem Maulwurf hab ich mich verbrüdert
Furchtlos tret ich durch das dunkle Tor,
grüß die Nacht die meinen Gruß erwidert
Fette Erde setzt dem Gast sie vor

Urlebendig ist es in der Scholle
Aus den Wurzeln quillt das schwarze Licht
Lehm mein Lager Wasser meine Wolle
Würmer lieben mich verzichten nicht

Ich empfange meine weißen Brüder
wie es sich gebührt in diesem Land
Unterirdisch finden wir uns wieder
als Vertraute mit dem Geist aus Sand

# Tausendflügler Traum

Tausendflügler Traum
Verbotene Zonen
Wir: Bewohner von
vier Dimensionen

Bittrer Bruderzwist
Die Schwesterschlange
sirenensüß
seziert deine Wange

Der Eltern Grab im
verschollenen Staub
beschenkt ein beherzter
Jungstrauch mit Laub

Scharfes Mönchgesicht:
Savonarola oder
ein ähnlich harter
trockener Toter

Regenlitanei über
nackte Küsten
Uhren und Urnen
Verse und Wüsten

Umgestülpte Stadt:
Aus Kellern und Krügen
tropfen Sterne die
nicht versiegen

## Stilleben I

Chrysanthemen
im Sarg der Vase
Stilles Sterben
in Fäulnis gehaucht

Im Glas das Wasser
schläft
seine zahllosen Augen
blind

Auf der Traubenhaut
prall im Tod
malt die Sonne
Scheinatem

Nur die Uhr
lebt
ihre Lippen
verzehren die Zeit

# Nacht V

Die Tulpe
schließt die Tür

Orions silberne Äpfel
sind reif

Die Quelle
wiederholt den Raum
aus Traum und Tropfen
mit genauem Laut

# Der Kuckuck zaubert

Der Kuckuck im Laub
zaubert sein Ritual
mit geübter Zweisilbigkeit
Deutlich hört man seinen
magischen Mund den
Sommer beschwören

Die Wetterfee hält
im Ausland den Schnee gefangen
Sonnenlachen weiten sich
zu Seen wo Weiden baden
und Schwalben

Im Nest rührt sich das Ei
erwacht in Pans Arm
die Nachtigall

Der Mücken ephemeres Ballett
schreibt helle Kreise
aufs unvergängliche Luftblatt

# Offener Brief an Italien

Italien
mein Land der Terrassen und Trauben
von Sonne geliebt
deine Haut ist blau wie die Blume
die der Dichter sich einst
an die Stirn steckte

In deine Geschichte taste ich mich
von Marmor zu Marmor
aus brüchigen Schichten schäle ich Glanz
höre den Pulsschlag deiner Paläste
durch deine Portale betret ich die sieben Dante-Himmel

Vivaldi hat meinen Traum vertont
Bei Leonardo lernte ich fliegen
Ich frage Raffael nach der sanftesten Madonna
Michelangelo nach dem mächtigsten Mann

Mein Italien
ich schreibe dir aus Amerika
daß ich dir huldige
Ich huldige deinen Ruinen im Blau
deinen traumäugigen Bettlerkindern
deinen gesprächigen armen sanften singenden stolzen
Menschen
der unerschöpflich dich liebenden Sonne im Blau

# Venedig I

Goldner Schmutz
Mosaik aus Palazzi und Wellen

St.-Markus-Platz:
Siamesisches Zwillingsviereck
im Taubenschaum badend

Alle Gondeln fassen nicht
den Körper deiner Unwirklichkeit
Alle Gondeln fassen nicht
deine Schwermut unter dem Süßsang

Leih mir den Glockenton deiner Gläser
Lehr mich das Latein deiner Zaubergassen
Schenk mir einen Strahl
vom Tintorettostern

Schläfe an Schläfe
mit dem medialen Mond
fliegen Kähne
ins Labyrinth
der Kanäle

# Villa d'Este

Fontänen:
flüssige Vögel
unverdrossen auf- abschwebend
zwischen Zypressen Terrassen Touristen und Kameras
auf und nieder schwingen sie
nasse Substanz
ins Sieb der Sekunden

Sieh Rom
im Geschmeide seiner Ruinen
fontänenvoll
hier im benachbarten Tivoli
und überall in der greisjungen Stadt
aus Steingeist und singender Armut

Regenbogen rollen
vom bewässerten Licht
in die Tagebücher der Sammler
links und rechts trocknen die Toten
träumen die traurigen Augen der Verkäufer
lächeln dünne Damen
auf Kameen in Silberrahmen

Die Luft spricht Tradition
mit ungezwungener Zunge
Vokale tropfen ins lateinische Blut
die Moleküle der Zeit zerfallen
als Sprühregen
in geometrischen Reihen:
Wasserparabeln
zwischen Drusen aus Laub

Springbrunnenschwall
Von allen Seiten
sprudeln Zeiten
um deine Eile
Du glaubst den vorgetäuschten Perspektiven
glaubst dem Spektrum die Glorie
dem Wasser Bestand aus Bewegung
glaubst deinem eignen Schatten
die gesteigerte Gestalt
im Spiel der
unzerbrechlichen Spiegel

# Figur von Picasso

Gleichzeitig Profile
dem Großaug
in Bewegung
entgeht keine Richtung
roter Strich Blut
im Hautgehäuse
innen
mysteriös
unentrinnbares Leben

Auch wo die Figur
nur ein Satz ist
lapidar
immer zugegen
unausgesprochene Schichten
Wirklichkeit
Organe Adern Erde

## Stürmische Meerfahrt

Hunderthäuptig
ein Moloch
schnappt nach dem Schiff
lüstern die Mäuler

Ich packe den
Schmetterling in den
Koffer aus Kork
er soll leben
wenn ich nicht
die Wiese erreiche

    (Gestern tauchte die
    tote Mutter ein heller
    Delphin aus dem Wasser
    nahm mich nicht wahr)

Ich schließe einen
Pakt mit der Sonne deine
Unterschrift Majestät
morgen übermorgen?

Wann wird es heute?

## Das erste Erbe

Flügel aus dem Ei gebrochen. Samen
in dem Hodenkrug der Kreatur
Anfanglos und endlos ihre Namen,
hier in Moll gesprochen, dort in Dur

Goldnes Gestern? Doch den Tod vergessen
sie: das erste Erbe in Atom
Zwang der Zeugung. Die Sekunden essen
unsre Zellen, unsern hellsten Dom

An dem Schauspiel unsrer Scheiterbrände
sehen wir uns blind und wund
Bruder, frag nicht nach dem Ende –
der es weiß, hat keinen Mund

# Der Feuerfisch

Ein Feuerfisch
flog heute
himmelauf erdab
der Äther krachte in allen Fugen

Kinder griffen nach ihm
lachten und schrien
FISCH DRACHEN FLAMMENSCHIFF

Der Feuerfisch
fuhr durch unsern Atem
wir spürten den Strahl im Blut

Wie deutest du die Erscheinung
Josef?
Es ist Zeit abzuschütteln
deinen verjährten Staub
und zurückzukommen
in die Luft aus Omen

Deine Urenkel
haben eingeatmet einen
lohenden Drachen der
die Zeit verschlingt
unterbrich deine fünftausendjährige Ruh
auf dem Leviathan reite zu uns
und deute!

# Nicht Oktober nicht November

Herbst sagst du
und meinst den Wind er schärft
sein Messer an deiner Stirn
meinst rostige Blätter sie rollen
deinem Schritt voran
meinst Frostnadeln sie stechen
die Luft den Baum die Haut

Herbst herber Laut
brauner Geschmack
Die Freunde an der Front
werden bitter und braun
nicht von Sonne gebräunt

Die Erde rostet und rollt
mondab
in die Schlucht wo die
Geschichte Burgen baut
Schuldtürme Falltüren

Herbst sagst du
aber ich sage dir
nicht Oktober nicht November
du mußt einen neuen Kalender erfinden
ein andres Alphabet
eine Sprache die Einhalt gebietet
denn die Zeit fällt
fällt ins Unabsehbare
und wir fallen mit ihr

# Kein Preis

Nicht den duftenden Nebel über Arosa
nicht den dreifachen Regenbogen auf dem Niagarafall
nicht den rötlichen Canyon im Yellowstone Park
preise ich in der Gefangenschaft

Mein Kerker ist fünf Kontinente weit
zwei Billionen Menschen teilen mein Schicksal
die Wärter haben die Tore verrammelt
die Meere zugeschnürt
den Himmel verhangen

Dich Panther im Dschungel
unbehindert im Tanz deiner Muskulatur
dich Lerche im hohen Gesang
ungefährdet unter deinesgleichen
dich Python der den Aufruhr nicht riecht
im Monatschlaf
beneid ich:

Wie leicht wie rein
wird euer unvorbereiteter Tod sein

# Im Osten des Herzens

Im Osten des Herzens
   geht die Güte auf
      über dem Land ANFANG
dem Land der unterschiedslosen
   Menschen und Liebe
      wo Milch und Honig fließen
Im Süden süßen
   schwüle Rosen
      üppige Lilien
Im Norden grünen
   kühle Tannen
      der Gedanken
Die Landschaften aller Länder
   sind Geschwister
      die Eltern wohnen im Himmel
Aber dazwischen sind
   Wände errichtet:
      Grenzen
Stahlhände schwenken
   das Banner VERBOTEN
      auf Befehl der Behörden
Liebliche Bezirke werden konfisziert
   im Norden und Süden
      die Engel wurden aus dem Osten vertrieben
Im Westen des Herzens
   geht die Güte unter
      über dem Land ENDE

## Der nächste April

Daß ich dich wiederseh
im April
von Asche frei –
kann es sein?

Kaiserin Sonne
im Atemhemd
Baum ohne Angst
die Lerche real

Es ist nicht lang her –
ein Atemzug Geschichte

Wann in der Zeit aus Sprengstoff
dürfen wir dichten
am Strohlager?

Der antike Traum im Blut
blieb intakt:
Eden Engel du

Wird der nächste April
unversehrt sein?
Darf ich dich wiedersehn
von Asche frei
unter Versen?

# Sintflut

Und der Regen fällt
und der Regen fällt

Ruft der Gaukler sieh
ihre Besessenheit tanzt
um die Sonne
wie zur Zeit Babels
Marionetten hüpfen
im Regenrhythmus
mit gesprungenem Genick
Sieh die Ballerina
das Glasgesicht verzückt
um ihre Achse dreht sie sich
den Spiegel in der Hand
wer ist die Schönste im Regenland

Der Regen hat weggeschwemmt mein Gedicht
meldet der Poet
Salzsäulen füllten die Arche
kein Platz für Verse
eine Strophe verschlang der Hai
eine warf Noah der Taube zu
sie fing sie nicht auf

und der Regen fällt
und der Regen fällt

Wolken ertrinken im kalten Salz
aber im Ratskeller
sprüht warm der Champagner
die Sterne im Blut
der kleinen Babette
kreisen um die Erde
aus Wasser
sie wirft ihr Hauchkleid ab und
taucht in den Schaum

Eine Stimme im
versunknen Ölbaum ruft
KOMMT ZU MIR DIE IHR BELADEN SEID
alle sind beladen
alle wollen kommen
aber die Brandung wirft sie
an die Uferlosigkeit

und der Regen fällt
und der Regen fällt

# Kamillen

Kamillen
Die grünen Jahre
bevölkert von Faunen und Feen
wuchern unter der Schläfe
Nymphen treiben ihr
Waldwesen weiter
im Raum aus Maschinen

Goldner Tee
In der Nische raschelt der Seidenrock
Engel halten den Spiegel
Ein Kinderchor unter dem Fenster
im Orchester
der Frösche und Grillen

Weltraum
überfüllt mit
Körpern und Katastrophen
Labyrinth der Länder
von Drachen bewacht
Rosen unwissend daß
ein Schatten auf ihnen lastet
der Rumpf des Robots

Laß fallen die Maske
Seifenblasen sprühn
von deinen Lippen auf
Minze und Mohn
der Flaum des Löwenzahns
schwebt überm See
Undine im Kelch einer Wasserrose
flüstert mit verschleierter Stimme
wie die Mutter
Freitag vor der Kerze

Elektrische Vögel
in Metallbäumen
kreischen dich wach
vom Daumen rollt der Ahnenring
mit dem Wappen der Linde
du legst an den Stahlkittel
dein Haar im Drahtlaub
fängt Antennen auf
in deinen Nüstern verflüchtigt
Kamillengeruch

# Meer II

Ich weiß nicht wie es kam
daß alles was ich sehe und höre
zu Meer wird
der Fremde der Nachbar der Freund
Wellen
die Stadt
        brüllende Brandung
Worte
       Bewegung Schimmer und Schaum

Ich
eine ungenaue Gestalt aus Tropfen
deine authentische Tochter
             Meer
zusammengeballt
und wieder in deine
Wasserschaft gesogen
flüssiger Staub

Wir atmen dich ein
du atmest uns aus
mich und meine Quecksilberschwestern
die Fische
unser Wald aus
Korallen Seemoos Sirenen
hat viele Funktionen
den Tauchern vertraut

Den Delphin auf dem Rücken
reitest du nachts
durch Sternsteppen
dein saftiges Fleisch
von Haien und Walen massiert
der heilige Monster Leviathan
wacht über deine Seele

Dich begleiten darf ich nicht
nur meine Nerven folgen dir
aber auch das ist ein Übergriff
und ich leide die Strafe der
Steine Scherben gemarterten Muscheln
Ich trink mich satt an Salz
Schlamm und den Schikanen der Wetter

Du spülst mich von
Golf zu Golf
von Klippe zu Klippe
in deinem Spiegel seh ich mich
einen vermuschelten Körper voll Rillen

Auf einer Schäre
unter Ravello
möchte ich deinen letzten Anprall erfahren
deinen kühlen Kuß ohne Kontur
Eine Perle wächst mir ins Fleisch
eine harte Träne
du wächst in mir Meer
du wächst in mir
flüssig und hart

# Singen Sirenen

Singen Sirenen
Grüner Schatten Irland
Türme mit Vögeln beflaggt
Terrassen gebrannt in den Süden
Kinder tragen Palmen zum Strand
bauen die momentane Riviera

Der Föhn vergißt nicht die
leuchtende Leiche Ophelias
bringt sie auf dem Rücken
ihre Lotusaugen begraben im Mond
singen Sirenen
sie kennen die wandernden Toten
die Sonnenklippen
die Mörser der Brandung

Ziffern häufen sich auf dem Blatt
zählen die Zeit
ein Wagen rollt durchs Weltgewebe
hält keinen Moment
kein Magnet keine Formel
bringt ihn zum Stehn
singen Sirenen

Gold gesiebt aus dem Sand
das Volk tanzt ums Kalb
ihre Schatten preisgegeben der
berückenden Landschaft
wie sie sich auflöst
unter den Sohlen
singen Sirenen

sie sammeln
die Trauer im Regen
in den Schluchten den Schlaf
Glückspuren in Korallen
sie sagen es geht
um Fugen der Flut
um Atem und Untergang
um den sirrenden Samen
Moment

# Ein Tag eine Nacht

Der Tag bricht an nach der Nacht in der du erlebt hast den
Tod und sein Spiel mit dir im unterirdischen Labyrinth

Du bist ein neuer Körper aber der Spiegel ist ein Zauberer
und zeigt dir dein altes Gesicht. Du gehst in die
Gasse die neu ist aber dein Auge ist ein Zauberer und
zeigt dir die gestrige Gasse. Du sprichst zum Gelieb-
ten mit deiner neuen Stimme aber er ist verzaubert
und hört deine gewohnte Stimme. Ich hab dich lieb
beteuerst du ihm und betrügst ihn mit deinem neuen
Ich

Menschen umzingeln dich mit Zahlen halten dich gefangen im Zirkel bis der Zeiger das Signal gibt dich
freizulassen. Du freust dich auf das Abendritual auf
Leckerbissen und Küsse die sich auflösen wie Salz

Die Nacht bricht herein nach dem Tag kommt wieder der
Tod zu dir im silberschwarzen Talar du folgst ihm
hypnotisiert ins unterirdische Laboratorium ein Ap-
parat nimmt auseinander deine Bestandteile wechselt
aus deine Zellen setzt lückenlos zusammen deine
morgige Gestalt

# Nein

Moschee aus Stein
Kein Fremder betrete dein Haus
Allah

Mephisto
Vernunft aus Nein
im schwarzen Glanz der Sprache
schaukelt von Nichtsein zu Nichtsein

Dein Schachbrettleben
die Königin dir zur Seite
du betrittst die vorgeschriebnen Räume
vollziehst die begrenzten Schritte
Dein Gegner
gefürchteter Fürst
kommt dir gewappnet entgegen
treibt dich in die Enge
enger enger
keinen Schritt weiter
befiehlt er und
küßt deine Königin

NEIN

schreit dein Fleisch
und klopft an eine
Moschee aus Schein

# Einsamkeit I

Die Poren saugen sie auf
bis sie im ganzen Körper
gleichmäßig verteilt ist

Tage tätowieren
unablässig Linien
in die Wange
Zeichen die nur die Sibylle
deuten kann

Die Freunde sind zugenäht
man kommt nicht heran an ihren Atem
auf ihren Lippen hängt eine farblose Fahne:
frostiges Lächeln

Wenn man sich umwendet
sieht man Fußspuren die
sich verlaufen im Sand

Die Mühle am Horizont
bewegt die Arme nach dem Pulsschlag eines
Wiegenlieds
Es ist Zeit
dem Alleinsein ein Ende zu bereiten
und schlafen zu gehn

# Der Flügelteppich

Der Flügelteppich
von Stiefeln zerrissen
die Girlanden herausgefallen
die Zaubersprüche von Motten zerbissen

Nun heißt es unten bleiben
im fadenscheinigen Raum

O Meister der den Teppich knüpfte
aus anfangfarbnem Haar
und mir ihn schenkte
im mitverflochtnen Jahr –
in welches Werk bist du jetzt vertieft?

Ich habe Fäden aufgelesen
wie Ruth am Rand
verwebe winzige Stücke
in die geschwächten Schwingen
bis aus deiner Hand
der Regenbogen rollt
ins Muster Sterne sprühn

# Bis I

Hast du endlich erlernt deine Rolle
im Hör-Spiel wenn wieder
Bäume reden Gras singt und
eine simple Mahlzeit dich erwartet?

Immer Literatur und Stirnfalten weil
Faust unsterblich sein will und sündigt
und immer wieder sündigt und bis
ins Erlösen Greuel verübt

Ideen fliehn wenn aus dem Krater
Rauch steigt eine sanfte
Drohung einstweilen bis
die Lava reif ist

Bis der Blitz ins
Holzherz fährt halte dich
an die Würde des Baums und die
herrlichen Schatten
Beweise des Lichts

Du mußt besser lernen
deine Rolle angesichts dieser
großen Spieler und deiner
Ehrsucht und einsamen Liebe
zum Traum bis
eine größere Liebe deine
Rolle übernimmt

# Herkulanischer Tag

Nimm die Geranien in Schutz
herkulanischer Tag
daß sie nicht heimgesucht werden vom Fatum
wie die Menschen deren Traum dein
muskulöser Atem zerbricht

Dein Körper hat sich ausgebreitet
über Kontinente
auch in den Dschungel bist du eingewachsen
mit allen deinen Rippen
Das zierliche Pony zittert vor dir

Sonderbar daß wir noch nicht
verwunden haben den Garten
und unser Blut nicht
den Verlust des Monds

Sonderbar daß aus der Schrift
der verbotne Baum noch
herüberwächst
und uns droht
weil wir wissen wollen

## Das Dorf Sonntag

Hinter der Montagmauer
liegt das Dorf Duminika
das ich in meiner Freizeit
gern besuche

Ich bringe meinen Lieblingsberg mit
den Raréu
und die Zigeunerin die mir einst
die Zukunft geschenkt hat

Weiden weinen mit mir
weil Montagnachbarn
meinen Hund vergiftet haben
Er war ein Weiser der die
Sprache aller Gerüche gekannt hat

Die Bauern bewirten mich
mit Kornbrot Milch und
buntgestickten Geschichten

Das Dorf Duminika ist grün
der Fluß ist grün
die Hirten schnitzen grüne Doinas
in atmende Flöten

## Meine Nachtigall

Meine Mutter war einmal ein Reh
Die goldbraunen Augen
die Anmut
blieben ihr aus der Rehzeit

Hier war sie
halb Engel halb Mensch –
die Mitte war Mutter
Als ich sie fragte was sie gern geworden wäre
sagte sie: eine Nachtigall

Jetzt ist sie eine Nachtigall
Nacht um Nacht höre ich sie
im Garten meines schlaflosen Traumes
Sie singt das Zion der Ahnen
sie singt das alte Österreich
sie singt die Berge und Buchenwälder
der Bukowina
Wiegenlieder
singt mir Nacht um Nacht
meine Nachtigall
im Garten meines schlaflosen Traumes

# Der Vater

Am Hof des Wunderrabbi von Sadagora
lernte der Vater die schwierigen Geheimnisse
Seine Ohrlocken läuteten Legenden
in den Händen hielt er den hebräischen Wald

Bäume aus heiligen Buchstaben streckten Wurzeln
von Sadagora bis Czernowitz
Der Jordan mündete damals in den Pruth –
magische Melodien im Wasser
Der Vater sang sie lernte und sang das
Erbe der Ahnen verwuchs mit
Wald und Gewässern

Hinter den Weiden neben der Mühle
stand die geträumte Leiter
an den Himmel gelehnt
Jakob nahm auf den Kampf mit den Engeln
immer siegte sein Wille

Von Sadagora nach Czernowitz und
zurück zum Heiligen Hof gingen die Wunder
nisteten sich ein im Gefühl
Der Knabe erlernte den Himmel kannte die
Ausmaße der Engel ihre Distanzen und Zahl
war bewandert im Labyrinth der Kabbala

Einmal wollte der Siebzehnjährige
die andere Seite sehn
ging in die weltliche Stadt
verliebte sich in sie
blieb an ihr haften

# Sadagorer Chassid

Achtzigjähriger Greis
Sein Bart betete weiß
auf der Brust

Auf seinem Kaftan
erholten sich Engel
von der Anstrengung weltlicher Flüge
Die Sabbatkrone
das Stramel
war sein einziger Schmuck

Die Lider gesenkt
sein Blick von Schleiern umsponnen
wohnte im Bethaus

Montag und Donnerstag Fasten:
leicht sei der Leib
seine Speise: Preisen
Sichwiegen im Rhythmus der
Bibelgebete und anderer
heiliger Worte

Wenig Worte –
die Scheinwelt sei nicht besprochen
nicht betastet mit fettem Interesse
Erscheinungen sind Schemen
dem Wesen (nicht ausgesprochen der Name!)
diene dein Geist

In der doppelgerollten Thora
liegen Licht und Lied
spricht die Geschichte des Volks
Sieh die Geliebte:
im goldgestickten Samtgewand und
krönenden Kopfschmuck
dürfen deine Lippen sie küssen
darfst du sie halten im Arm
und tanzen mit ihr tanzen
zur Ehre des Herrn

Tanzte der Sadagorer Chassid
mit den andern Chassidim

# Kindheit I

Vor vielen Geburtstagen
als unsre Eltern
den Engeln erlaubten
in unsern Kinderbetten zu schlafen –
ja meine Lieben
da ging es uns gut

In jedem Winkel
war ein Wunder untergebracht:
Heinzelwald Berg aus Marzipan
Fächer in dem der Himmel
gefaltet lag

Ja meine Lieben
da hatten wir viele Freunde
Begüterte wir konnten's uns leisten
einen Stern zu verschenken
eine Insel
sogar einen Engel

Vor vielen Geburtstagen
als die Erde noch rund war
(nicht eckig wie jetzt)
liefen wir um sie herum
auf Rollschuhen
in einem Schwung
ohne Atem zu schöpfen

Ja meine Lieben
im Eswareinmalheim
da ging es uns gut
Die Eltern flogen mit uns
in den bestirnten Fächer
kauften uns Karten ins Knusperland
und spornten uns an
die Welt zu verschenken

# Sukkoth

Aus einem Tag im September
schäl ich den Nußbaum voll Milch

Laub das den Tag grün macht
grüner Tag der mich
verwandelt in ein Blatt
deutlich im Tau kopiert

Adern wachsen aus der Sonne
Astern Weizen Mais

Ein Karussell Mücken
dreht den Himmel um
Kuhglockenklang
Erntedank der Mutter im Spitzentuch
in der Laube locker und leicht

Die Haut der Hütte grünt
Manna fällt auf den Tisch
aus der gerösteten Traube
sickert Wein

Ins Geäst verflochten
ruh ich
ein Nußblatt
ein grün rankender Psalm

# Pruth

Da zirpten die Kiesel im Pruth
ritzten flüchtige Muster in
unsre Sohlen

Narzisse wir lagen im Wasserspiegel
hielten uns selbst im Arm

Nachts vom Wind bedeckt
Bett mit Fischen gefüllt
Goldfisch der Mond

Schlafenlockengeflüster:
der Rabbi in Kaftan und Stramel
von glückäugigen Chassidim umringt

Vögel – wir kennen nicht
ihre Namen ihr Schrei
lockt und erschreckt
Auch unser Gefieder ist fertig
wir folgen euch
über Kukuruzfelder
schaukelnde Synagogen

Immer zurück zum Pruth

Flöße
(aus Holz oder Johannisbrot?)
pruthab
Wohin ihr Eilenden
und wir hier allein
mit den Steinen?

# Raréu

Mach leicht meine Landschaft
sie liegt mir
als Höcker auf dem Rücken

Heimat?
Passen die Stücke zusammen
die grünen die roten?
Mach leicht meine Wahl

Ich brachte dich zum Raréu
Rübezahl
weißt du noch?
Purpurn der Rauch
Sonne bestieg den Gipfel
du tratst in den Bergspalt zurück

Dorniger Durst
Aus dem Himbeerblut
winkte der Wurm

Mach leicht jene Lichtung
das grüne Oval und
die Hirschkuh
immer erreicht mich ihr Blick

Rübezahl
wann wandern wir aus?

# Jakobeni

Fichten wo der Tag
mit Widerhallatem
das Tal betrat

Schmal
ein kühler Spalt
zwischen Bergen

Nadelgeflüster
dunkles Gespräch
den Windruf hör ich dreimal
im ehernen Pyramidengrün

Wieder der Ruf
vermengt mit Kuckuck und
herben Stimmen der Dörfler

Gehn Schwefelgeister
noch um in der Luft
und im Wasser gelb
noch der bittere Rest
einer Made?

## Dorf in der Bukowina

Schwalbennest
unter dem Schindeldach
Flüge blau im August

Kieselgestrüpp
störrische Dornen im Strom
vornübergeneigte Weiden wo
der Kahn an der Kette seufzt

Flogen Flöße vorbei
kämmte Wellen ins Wasser
der Windkamm
kauernd zog der Angler
ein Zappeln herauf

Da waren dem Laub
willkommen die Sänger
Nachtigall du Morgenrotglück
später die Drossel im
Schattengespinst
unverdrossen das süße Trili
und du dunkler Kuckuck
immer dein Ruf

Abendruh auf
rohen Holzbänken Wortkarg
die Alten Ein Jüngerer zog
ukrainische Lieder
aus der Harmonika

Wir Kinder
geführt von der Fee
zum Tischlein-deck-dich
oder auf Flügelteppich
in den Orient

Dreh den Ring
wir schwingen schon
zwischen Himmel und Hier

# Idylle

In der Hütte
am entlegenen Ort
sind die Wände bemoost
die Namen verwischt

Im Hinterhof
kratzt der glückliche Hund
seine steile Unterschrift
in die Erde
und dreht sich dreht sich
atemlos
um den Atem
der Halme

# Der Karpatenriese

Noch geht in den Karpaten der
Riese um der uns Gipfel schenkte
Serpentinen kreisen um unsre
verwaiste Begeisterung

Wir hier
im Land der Städte
pflanzen Unkraut ins Pflaster
erwarten Mirakel:
plötzliche Gipfel mit Greifennest

Steinbäume steigen
aus dem Unkraut
laublos fremd

Noch geht der Riese um in uns
vielleicht hat er uns noch ein bißchen lieb
und bringt uns in den Ferien
die Karpaten in einem
Sack auf dem Rücken

# Nach dem Karneval

Nach dem Karneval kamen die Magertage
mit Schimmelbrot und Bitterkraut
Mich hungerte nach Feigenfleisch
mich dürstete nach Apfelsinen

Mit einer Karawane ging ich
durch die Wüste auf Datteljagd
Der Sand stak mir im Hals
Der Rücken des Kamels
war meine Heimat
Die Stunden waren Öfen um die Stirn
die Sterngebilde Kreuz und Skorpion

Am Morgen blühte rot am Horizont
die Fata Morgana die nicht näherkam
Nur einmal nahm uns eine Oase auf
das Wasser roch nach Feuer Mohn und Mond
Feigen und Datteln waren verdorrt

## Damit kein Licht uns liebe

Sie kamen
mit scharfen Fahnen und Pistolen
schossen alle Sterne und den Mond ab
damit kein Licht uns bliebe
damit kein Licht uns liebe

Da begruben wir die Sonne
Es war eine unendliche Sonnenfinsternis

# In jenen Jahren

In jenen Jahren
war die Zeit gefroren:
Eis so weit die Seele reichte

Von den Dächern
hingen Dolche
Die Stadt war aus
gefrorenem Glas
Menschen schleppten
Säcke voll Schnee
zu frostigen Scheiterhaufen

Einmal fiel ein Lied
aus goldnen Flocken
aufs Schneefeld:
    »Kennst du das Land
    wo die Zitronen blühn?«
Ein Land wo Zitronen blühn?
Wo blüht das Land?
Die Schneemänner
wußten nicht Bescheid

Das Eis wucherte
und trieb
weiße Wurzeln
ins Mark unsrer Jahre

# Schallendes Schweigen

Manche haben sich gerettet

Aus der Nacht
krochen Hände
ziegelrot vom Blut
der Ermordeten

Es war ein schallendes Schauspiel
ein Bild aus Brand
Feuermusik
Dann schwieg der Tod
Er schwieg

Es war ein schallendes Schweigen
Zwischen den Zweigen
lächelten Sterne

Die Geretteten warten im Hafen
Gescheiterte Schiffe liegen
Sie gleichen Wiegen
ohne Mutter und Kind

# Und manchmal der Wind

Nebel goldne Augen klagende Stimmen

Die Toten huschen Hand in Hand
durch den Nebel
durchqueren goldne Augen
ziehen Gassen
klagender Stimmen
entlang

Als noch alles zusammenhing
gab es ein schönes Geschlecht
das aufrecht ging
reine Umrisse hatte
Kreaturen die
Sterne begleiteten
Sonne erlernten
Erhaben waren die Tage
Muscheln und kleine Steine
hatten ewige Türen

Jetzt ist alles verwischt
das Nebelhorn stöhnt
in die Ohren der Toten

Manchmal kommt ein Wind
der mit scharfen Scheren
den Nebel in Streifen schneidet
und dazwischen ist viel entzündetes Blau

Nebel goldne Augen klagende Stimmen
und manchmal der Wind

# Entwurzelt

Das Wespennest ist voll
Nadeln funkeln
Finger verfangen sich
im Giftgestrüpp

Ein Kind
spinnwebdünn
auf einer Haarsträhne
der toten Mutter

Stachelige Wurzeln
halten Gott gefangen
Er wimmert
mit entwurzelter Stimme

Komm komm
ruft die Nachtigall
Sie weint weil er
nicht kommen kann

# Im Dschungel

Oft verirre ich mich
hier im Dschungel
die Gassen stemmen sich gegen
mich und meine Gefährten
die ich in der Tasche trage
Nur meine Umrisse lassen sie herein
mein Modekleid und das Radio

Wo sollen meine Gespielen
aus dem Apfelland wohnen
der Cecina die geschliffnen Pruthsteine?
Wo die Gespräche mit Kindern
die Augen der Blinden die
weiter schaun als die Gassen?

Wenn ich mich verirre
hier im Dschungel
mein Atem sich verstrickt
im Steingestrüpp
ruf ich meine Gefährten aus der Tasche:
Revnawald Habsburgshöh
Echo aus Dorna
und wenn alles versagt
zaubert in meiner Tasche die Zimbel
den Rabbi Eli Melech herbei

# Israel I

Hügel hüpfen
grünen Flaum auf den Wangen

Jungwald
beschützt die
alten Schollen

Palmen standhaft im
Sonnengestöber

Komm Wolke
seltne Gefährtin
beschwichtige das
tobende Blau

Ein Kaktusgebirge bist du
Israel
von Heinzelmännchen bewohnt
Sie tragen deine Ableger
in alle Lande

Gestützt
auf den Stab des Hohelieds
besteigen wir
deine Stacheln

Wir melken die
magern die fetten Jahre

Wir pflanzen Zedern
Wir hoffen auf
Anfang

# Im Chagall-Dorf

Schiefe Giebel
hängen am
Horizont

Der Brunnen schlummert
beleuchtet von
Katzenaugen

Die Bäuerin
melkt die Ziege
im Traumstall

Blau
der Kirschbaum am Dach
wo der bärtige Greis
geigt

Die Braut
schaut ins Blumenaug
schwebt auf dem Schleier
über der Nachtsteppe

Im Chagall-Dorf
weidet die Kuh
auf der Mondwiese
goldne Wölfe
beschützen die Lämmer

# Editorische Notiz

Im vorliegenden Band wurden alle von Rose Ausländer in den Jahren 1957 bis 1965 nachweislich geschriebenen, aber unveröffentlichten sowie die veröffentlichten Gedichte gesammelt; auch die, die in dem angegebenen Zeitraum verstreut in Zeitungen, Zeitschriften, Anthologien und im Rundfunk publiziert worden sind. Journalistische Arbeiten haben keine Berücksichtigung gefunden.

Sofern die Gedichte mehrmals veröffentlicht und die Texte dabei variiert wurden, folgt die Wiedergabe der vorliegenden letztpublizierten Fassung. Da die Autorin verschiedene Texte unter dem gleichen Titel veröffentlichte, sind diese Titel mit einer römischen Numerierung gekennzeichnet. Die Folge dieser Ziffern richtet sich nach den jeweiligen Veröffentlichungszeitpunkten, das heißt der Text, der als erster unter gleichem Titel veröffentlicht wurde, trägt die römische Nummer I. Hierbei ergeben sich Abweichungen von den Numerierungen in früheren Einzelbänden, da die römische Numerierung dort häufig fehlerhaft ist, so daß Doppelzählungen vorkamen.

Die Numerierungsfolge gibt keinen Aufschluß über die Entstehungsdaten der Gedichte. Da diese nur teilweise nachgewiesen werden können, stützt sich die Numerierung ausschließlich auf die Chronologie der Veröffentlichungen. Gelegentlich ist es vorgekommen, daß die gleichen Texte unter verschiedenen Titeln publiziert wurden. Bei den Vorarbeiten zu dieser Ausgabe konnten diese ›Doubletten‹ alle festgestellt werden. Ins Gesamtwerk aufgenommen wird jeweils die erstmalige Veröffentlichung unter dem zuerst verwandten Titel.

Das Gesamtwerk wird durch ein Register ergänzt, das ein Gesamtverzeichnis aller von Rose Ausländer veröffentlichten Gedichte und Prosatexte enthält. Dieses Verzeichnis ist zum einen nach Titeln und zum anderen nach

Textanfängen geordnet. – Zur weiterführenden Lektüre ist der Band *Rose Ausländer. Materialien zu Leben und Werk*, herausgegeben von Helmut Braun, erschienen.

# Alphabetisches Verzeichnis nach Titeln

Quecksilber  66

# Alphabetisches Verzeichnis nach Textanfängen

# Quellenverzeichnis

*Blinder Sommer.* Gedichte
Bergland Verlag, Wien 1965

*Die Zigarette*
In: *Aufbau*, New York, 26. 7. 1957

*Ode*
In: *Aufbau*, New York, 8. 6. 1962

*Czernowitz*
In: *Die Stimme*, Tel Aviv, Ostern 1963

Die anderen Gedichte, deren Datierung anhand der Manuskripte bzw. der Umschläge und Mappen, in denen die Manuskripte aufgefunden wurden, vorgenommen werden konnte, erscheinen hier erstmalig. Es kann jedoch nicht ausgeschlossen werden, daß das eine oder andere Gedicht bereits früher in Zeitungen, Zeitschriften oder Anthologien erschienen ist. Für entsprechende Hinweise sind Verlag und Herausgeber dankbar.

Die Gedichte aus *Blinder Sommer* wurden nach einem von der Autorin korrigierten Exemplar des Bandes »Gesammelte Gedichte«, Literarischer Verlag Braun, Köln, 2. Auflage 1977, gedruckt.

# Inhalt